나는 독일맥주보다
한국사람이 좋다

나는 독일맥주보다 한국사람이 좋다

박경란 지음

이 책은 방일영문화재단의 지원을 받아 저술, 출판되었습니다.

일러두기

* 취재원의 개인정보 보호를 위해 화자 중 일부는 가명으로 표기하거나 사진을 게재하
 지 않음.
* 여백에 놓인 사진은 저자가 직접 촬영했음

프/롤/로/그

　인생이 한참 무르익어가고 있을 무렵, 갑자기 독일이 내게로 다가왔습니다. 나 스스로 '가장 정열적인 나이'라 말하는 삼십 대에 한국을 떠났습니다.

　비행기를 탄 후, 텁텁한 공기 속으로 들어온 후에야 정말 어딘가로 떠나고 있다고 실감했습니다. 새로운 땅에 대한 막연한 불안감과 기대감이 교차해 좁은 공간 안에서 몸을 한없이 비틀었지요.

　독일의 첫 느낌을 기억합니다.

　뿌연 안개 같은 스산함이 온 도시를 메웠고, 밤은 몇 개의 불만 반짝인 채 어두웠습니다. 네온사인이 사람을 삼켜버린, 서울의 밤에 익숙해진 나로서는 어색한 출발이었습니다.

　여행자가 아닌, 살아갈 자의 정체성으로 여러 해를 보냈습니다.

　처음 얼마간 큰 파도가 몰려와 얼굴을 때리고, 바람이 할퀴고 간 상처가 쓰렸습니다.

　이내 잔잔한 행복이 삶 근처에서 원을 그리며 놀았고, 그 가운데 사람이 있었습니다.

한국 사람들의 소음을 일일이 표현하고 싶었습니다. 과거에서 현재로 오는 사람들과 현재에서 미래로 가는 사람들의 발걸음을 만져보고 싶었습니다.

그들의 이야기를 오롯이 담아내기엔 아직도 부족함을 느낍니다. 혹여 내 영혼의 사유가 감상의 계곡으로 흘러 역사가 흐르고자 하는 길을 방해할까 저어했습니다. 하지만, 난 역사 속에 잘 드러나지 않는, 독일에 사는 민초들의 소소한 일상을 그려가고 싶었습니다.

어떻게 내가, 그리고 우리가 이 낯선 곳에 익숙해지고 있는지 궁금해졌습니다. 독일에 사는 우린, 살면 살수록 뼛속 깊이 이방인입니다. 여행자가 아닌 살아가는 자로서의 무게감은 이렇게 큽니다. 하지만, 인생의 과정으로 본다면 우린 모두 여행자가 아닐는지요.

독일 내 한국 사람들의 기초가 되었던 파독 간호사와 광부들의 이야기, 그리고 그들의 2세, 유학생의 이야기, 그리고 그 중간 어디메쯤 객처럼 들어온 나의 단상들이 '인생의 여행'이라는 테마 아래 옴니버스 형식으로 펼쳐집니다.

비단 독일에 있는 한국 사람이 아닌, 과거를 걸어왔던 우리 모두의 자화상일 수 있습니다.

때때로 손을 놓기도 했습니다. 알면 알수록 아파오고, 쓰면 쓸수록 이곳에서 살아가는 자들의 심상이 떠올랐습니다. 그들은 모두 가슴 절절한 사연들을 안고 살더군요. 가족들이, 사람들이 용기를 내라고 어깨를 만졌습니다.

집필하는 동안 이제는 과거가 돼버린, 사랑하는 아버지를 떠나보내고 죄책감에 몸서리를 쳤습니다.

"너무 멀리 있어서……. 어머니 돌아가실 때 한(恨)이 됩니다."라고 하신 어느 파독 간호사의 말씀이 떠오릅니다.

이 책을 나의 사랑하는 아버지 故 박형순 장로님, 동시대를 사시고 가신 이곳의 많은 파독 1세대 어르신, 그리고 역사의 뒤안길에서 잊혀가는 과거의 모든 이들과 미래를 살아가는 이들에게 바칩니다.

다시 미래를 향한 여행을 시작합니다. 함께 해주시렵니까.

2012년 가을 박경란

Part 1. 희망보다 추억을

Part 2. 고독보다 소통을

Part 3. 이해보다 공감을

Part 1
희망보다 추억을

독일로 떠난 내 사랑

그때 그녀 나이 스물넷, 누구나 꽃답다고 생각하는 나이이다. 나는 그 나이에 한국에 있었고, 일에 치여 분망한 삶을 살았다. 그리고 이십 대의 시간이 힘을 잃어가는 해, 결혼이라는 제도적 시스템에 들어섰다. 김광석의 「서른 즈음에」를 읊조리며, 아이러니하게도 난 누군가를 만나고 사랑했다. 그리고 사랑했던 이와 사랑하는 이와 사랑할 이와 지금껏 이별하지 않고 잘살고 있다.

점점 더 멀어져 간다. 머물러 있는 청춘인 줄 알았는데

비어가는 내 가슴 속엔 더 아무것도 찾을 수 없네

계절은 다시 돌아오지만 떠나간 내 사랑은 어디에

내가 떠나보낸 것도 아닌데 내가 떠나온 것도 아닌데

조금씩 잊혀져 간다 머물러 있는 사랑인 줄 알았는데

또 하루 멀어져 간다 매일 이별하며 살고 있구나

매일 이별하며 살고 있구나

아침부터 커피 한 잔을 들고 김광석의 노래를 틀었다. 거실에서 독일 TV를 보던 남편이 어느새 옆에서 노래에 맞춰 흥얼거린다. 발라드를 트로트, 때로는 판소리까지 승화시키는 능력을 갖춘 남편이다. 밖은 연신 우울한 비가 내리고 있는데 말이다.

"아침부터 그거 들으면 우울해지는데……. 거기다 진한 에스프레소까지, 지뢰밭 근처에서 불피우는 광경이군."

커피를 마시며 김광석을 듣는 순간은, 글 쓰는 네 걸리는 노동의 시간을 소박한 삶의 기쁨으로 변신시킨다. 삶은 광활하나 기쁨은 소박한 것이다.

그때 스물네 살의 아내는 처음엔 기분이 좋아 '흐흐'거렸다. 수많은 경쟁자를 제치고 당당히 독일로 돈 벌러 떠나는 남편이 대견스러워 기왕이면 '웃음의 이별'을 하려고 했다. 동네 사람들이 "이젠 자네 집은 폈네, 폈어. 인자(이제)는 살 것어." 소리를 하면, 아내의 허연 치아가 귀밑에 걸리곤 했다. 처음으로 맞춰 입은 양복에 피마자기름을 바른 남편은 누구나 탐낼 만한 말쑥한 신사였다. 남편은 잠깐의 이별일 뿐이라며 아내의 여린 어깨를 쓰다듬었다. 남편을 실은 비행기가 독수리처럼 힘차게 상공을 오르자 아내의 어깨가 크게 들썩거렸다. 여인의 어깨가 마치 신호탄처럼, 누군가를 보내는 이들의 어깨들이 동시에 파도를 치며 펄떡

거렸다. 그들의 모습은 흡사 슬픔을 연주하는 오케스트라였다. 엄마 허리 아래에서 치맛자락을 붙잡고 서 있는 네 살짜리 아들은 엄마의 미동에 놀라는 눈빛이다.

남편은 독일 광산대학 지질학과에 입학하기 위해 독일로 향했다. 그 당시 광부들 스스로 우스갯소리로 이렇게 불렀다.

남편은 검은 숯덩어리 지하 막장 탄광에서 희멀건 치아만 내보이는, 땀에 전 대한민국의 파독 광부였다. 이역만리 타국으로 남편을 보낸 아내는, '돈 벌어 귀국하면 잘 산다'는 희망과 가족이 함께하지 못한다는 원망이 섞여 날마다 고달픈 시간이었다. 세월이 흐를수록 두려움이 노란 염증처럼 여물었다.

남편이 다치면 어쩌나. 염려가 기우가 되었으면 하는 마음이 간절하지만, 시간이 흐를수록 불안해지는 건 본능이었다. 남편이 귀국하는 시간이 생각보다 길어지면서 조바심이 났다. 어느 때는 남편이 나를 버리지는 않을까, 방정맞은 생각도 했다. 혹시 독일에서 인물 좋은 한인 간호사나 유혹적인 코쟁이 아가씨를 만나 또 다른 사랑을 꿈꾸고 있지는 않을까 초조해졌다. 이렇게 청상과부로 늙어가나 싶었고, 고운 새악시를 넘보는 장정도 두려웠고, 남편 끼고 사는 이웃집 아낙을 보는 것도 속상했다. 밤에는 남편을 향한 붉은 그리움에 목이 메어 사부곡을 부르다가 설핏 잠이 들곤 했다. 그 어떤 애절한 영화보다 삶의 페이소스를 느끼게 하는 시기였다.

처음에는 남편이 그리웠다. 조금 지나 무능한 남편이 원망스럽고, 세월이 좀 더 흐르니 불안과 공포 속에서 누구에게도 말할 수 없는 서러움이 자리 잡았다. 남편의 손때가 느껴지는, 탄 묻은 편지가 오면 얼굴을 들이밀고 아이처럼 울음을 터트렸다.

그러던 어느 날, 통 연락이 없던 남편에게서 편지 한 장이 날아왔다. 빨리 독일로 오라는 내용이었다. 곁에서 지켜보던 시어머니는 며느리까지 당신 곁을 떠날까 봐 속울음을 토해냈다. "독일에 가면 꼭 아비를 설득해 데리고 오너라."라고 신신당부했다. 얌전한 며느리는 예, 라고 대답을 했다. 다시 한국으로 돌아올 심산으로 20kg 짐부따리에 달랑 속옷 몇 가지만 챙겼다. 공항에 마중을 나간 남편은 그런 아내의 행색에 어이없어했다. 멸치 나부랭이라도 가져올 거라고 기대했던 남편은 아내의 의중을 파악하고는 얼굴빛이 달라졌다. 아내는 금방 고국으로 돌아갈 것을 생각해 아무 물건도 챙겨오지 않은 것이다. 하지만, 남편은 귀국을 원하지 않았다. 이제 서서히 돈을 버는 재미에 눈을 떴는데 한국으로 돌아가기엔 아쉽다고 했다. 남편의 뜻을 저버리고 싶진 않았다. 아내는, 뜨는 해와 지는 달을 한숨으로 맞이하던 기나긴 3년과 비교해 남편에게 보상받고 싶은 심리도 작용했다. 남편과 함께라면 이국만리라도 살아갈 수 있을 것 같았다. 그렇게 독일에 털썩 주저앉아 보낸 독일생활 40년이 번개처럼 흘러갔다.

언젠가 파독 광부의 역사를 담은 자료에서 눈에 띄는 시를 발견했다.

아까운 생각에 쪼금쪼금 치다가

정성 들여 싸 보내신 친정어머니 생각에

눈물까지 찔끔찔끔 얼버무려 담는

김장솜씨는 20점

찢어진 치맛자락

막내둥이 책가방을 뒤져

풀 병을 꺼내다가 붙여 입는 바느질 솜씨는 30점

움벙둠벙 마마 자국 밭고랑 같은 주름살을

진흙 파다가 맥질하듯 크림으로 메우고서

도깨비의 사돈처럼 눈두덩엔 파란 색칠

흡혈귀의 자매처럼 입술 위엔 빨강 색칠

서양 것들 뽄을 뜨고 약소민족 땀을 짜다

우리 민족 피를 짜다 만들어진 향수라고

온몸에 뿌려대는 화장솜씨는 50점

모두 합해 백 점 만점이라

만점짜리 마누라

그의 남편인 나는

세상에서 최고로 행복한 사내

– 파독 광부 정택중(파독 광부 30년사 233페이지 中) –

아내에 대한 진한 사랑이 역력히 드러난 시였다. 아내가 얼마나 사랑스러웠으면 이것저것 점수를 합산해서라도 100점을 주고 싶었을까? 서로의 살갗이 그리운 청춘시절에 가난 때문에 떨어져 살다가 다시 해후한 아내와 얼마나 애련했을까?

남편을 찾아 독일에 온 아내들은 대부분 생활력이 강했다. 독일에서 간호사를 지원해 일하는 이도 있고, 남편과 함께 자영업을 시작한 이도 있다. 오랜 기다림 끝에 만났기에 다시 꽃피운 사랑도 애틋했다. 한국에서 아빠 없이 자란 아이들은 다시 모인 덕에 영혼이 더 풍성한 유년시절을 보낸다.

남편을 먼 이국 땅으로 보낸 후 홀로 인내했던 광부들의 아내도 사랑스럽고, 이국땅 낯선 유혹 속에서도 가정을 지킨 이들도 기특하다.

"강한 자가 살아남는 것이 아니라 살아남은 자가 강하다."라는 말이 있듯 묵묵히 자신의 길을 소중하게 지켜온 이들이 아름답다. 그들은 순간순간 고통을 희망으로 응축시키고 이겨낸 이들이기 때문이다.

아직도 '서른 즈음에'가 흘러나온다. 테이프가 늘어지도록 들었던 지난날이 생각났다. 남편을 끌어당겨 에스프레소의 진한 향을 나눈다.

이별한 이를 위해, 그리고 다시 새로운 만남을 이어가는 이를 위해 샴페인 같은 커피를 든다.

'브라보, 유어 라이프!!!'

공항의 이별

공항의 개찰구를 지날 때면 눈물창고와 마음이 갈등을 겪는다. 이별의 순간엔 코끝을 찡하게 하는 신체의 더듬이가 딜레마 상태에 빠진다. '안 울어야 한다'라는 내면의 목소리와 '울 것 같다'는 감성의 충돌이 맞선다. 뒤를 돌아보면 어머니들은 항상 울었다. 떠나는 이보다는 보내는 이의 마음이 가슴 절절한 법이다.

독일에 살면서 매번 인천공항을 나설 때마다 환영처럼 보인다. 50여 년 전 기대와 아쉬움이 범벅되어 서성이는 젊은이들의 히멀건 낯빛이.

60~70년대 파독 노동자들을 환송했던 김포공항은 눈물의 바다였다. 63년 12월 23일, 3년 계약으로 파독 광부들이 독일로 떠났다. 공항은 헤어지는 슬픔으로 눈물이 겹을 이루고, 휘날리는 태극기는 무에 그리 좋은지 출렁거렸다. 전세기라 해봐야 보잉기가 아닌 프로펠러기였다. 트랩

도 없어 판자를 잇대 묶어 트랩을 대신할 정도였다.

"아! 이제는 고향을 떠나 먼 이국 땅으로 가는구나. 어머니 부디 만수 무강하시고……. 군대 3년 갔다 온 것이라 생각하시고 염려 마세요."

"여보, 내가 없는 동안 우리 아이들 잘 부탁하오."

등에 아기를 업은 여인의 모습도, 허리가 구부정한 노파도 모두 연일 흐르는 눈물을 훔쳐낸다. 63년 파독 광부가 독일에 첫발을 내디딘 이틀 후 국내 신문에서는 이런 제목의 기사가 실렸다.

파독 광부 1진 서독에 안착
쌀밥 먹고 독방에서 첫날밤

쌀밥 먹는 것이 생소한 그때, 독일에서 먹는 쌀밥 소식은 분명히 남아 있는 가족들에겐 따뜻하고 반가운 내용이었을 것이다.

당시 김포공항에서 비행기를 타는 사람은 학생이거나 노동자거나였다. 대부분 먹고살기 위해 서독으로 가는 광부와 간호원, 브라질이나 아르헨티나 등 남미로 떠나는 농업 이민자들이었다. 가난한 나라를 위해서 반드시 그들은 떠나야 했다. 전쟁 후 초토화된 폐허 속에서 의지할 것은 오직 젊은 팔뚝뿐이었다. 젊은이들은 공기 속을 헤집는 좁은 비행기 안에서 각자의 추억과 사연을 비행기 밖으로 산화시키고, 자신들에게 다가올 미래에 깊숙이 닻을 내릴 준비를 했다.

70년대 문주란 씨의 노래 '공항의 이별'을 들어보면 그때의 화면 속으로 주저 없이 들어가게 된다. 노래는 삶의 응어리이자 시대의 산물이다. 지금이야 한 집 걸러 외국에 나가 살지만, 그때만 해도 이국땅은 기약 없는 단절이었다. 그래서 공항은 더 애절한 장소였다.

하고 싶은 말들이 쌓였는데도
한마디 말 못하고 헤어지는 당신을
이제 와서 붙잡아도 소용없는
구름 저 멀리 사라져간
당신을 못 잊어 애태우며
허전한 발길 돌리면서
그리움 달랠 길 없어 나는 걸었네

수많은 사연들이 메아리쳐도
지금은 말 못하고 떠나가는 당신을
이제 와서 뉘우쳐도 허무한 일인데
하늘 저 멀리 떠나버린
당신을 못 잊어 애태우며

쓸쓸한 발길 돌리면서

그리움 참을 길 없어 나는 걸었네

전 국민 2,400만 명에 실업자가 250만 명이 넘던 시절이었다.

알래스카 상공을 넘어가는 독일 땅은 멀고 먼 여정이었다. 그때의 유럽
은 상상 너머의 세계였다. 비행기를 처음 타본 이들이 대부분이었고, 때
아닌 비행기 멀미를 하기도 했다. 비행기 안도 그들에겐 문화 충격의 서
막이었다. 이국적 언어와 입에 맞지 않은 기내음식, 좁은 비행기 사이로
뿜어내는 알 수 없는 미래에 대한 불안이 오감을 자극했다. 그들은 지금
어디로 가고 있는가. 자신에게 묻고 또 물었다. 한국에서 20여 년을 흘렀
던 삶의 시냇물이 새로운 고랑을 만나 다른 길로 접어드는 순간이었다.
하지만, 그들은 불평하지 않았다. 오히려 신이 났다. 가난이 이유였지만,
자신이 선택한 미래를 두고 누군가에게 투정할 수도 없다. 그리고 그들
은 부러움과 기대를 안고 떠난 대한의 자식이라는 자부심이 있었다.

3년이 30년이 되고, 40년이 되어 이젠 다시 고향으로 돌아가고 싶었다.
하지만, 다시 오는 길은 순탄하지 않았다. 시간이 흐르면서 한국을 방문
한 이들은 '독일 거지'라는 소리까지 들었다. 힘든 이국생활에서 꾸미지
않고 검약한 모습이, 잘 살기 시작한 한국사회에서는 초라하게 보였는
지 모른다.

가끔 파독 간호사분들과 이야기하면서 한국으로 돌아가고 싶은지

묻게 된다. 한결같은 대답이다. 가고는 싶지만, 한국은 돈이 있어야 살기 때문에 마음만 꿀떡이라는 것이다. 그래서 한국에 들어가서 살겠다는 오랜 꿈과 희망을 포기하고, 독일에 주저앉아 영원한 이방인으로 외롭게 사는 이도 보인다. 혼자 연금을 받고 사는 이들의 경우 한 달에 500~600유로의 연금으로 살아가는 이들이 부지기수다. 월세 내고 나면 남는 게 없다.

「기다림은 만남을 목적으로 하지 않아도 좋다」라는 시의 제목은, 남아 있는 부모에겐 가혹한 말이다. 다시 만날 것을 기약했던 그때의 부모들은 이미 세월 속으로 사라졌다. 단지, 공항만 그리움의 흔적으로 남아 있을 뿐이다.

독일로 가는 길도 힘들었지만, 고국으로 돌아오는 길은 더 멀기만 했다. 그때의 선택을 후회하지 않으면서도 자꾸만 뒤를 돌아보게 된다. 김포공항의 눈물진 흔적이 이제 많은 이들에게 잊혀간 추억의 한 페이지로 다가온다는 것도 그들에겐 슬프기만 하다.

봄날처럼 구수한 병원 기숙사의 그날

"기숙사 생활? 그게 재미있었지. 함께 우르르 모여서 밥도 해먹고, 향수병도 어루만져서 깨뜨리고……. 하하! 그러지 않고는 견딜 수가 없을 정도로 그땐 외로움에 절었으니까"

같은 시대를 걸었던 파독 간호사 출신 세 명이 모였다. 기숙사를 떠올리면, 현진건의 소설 「B 사감과 러브레터」의 멜랑콜리가 자연스레 떠올려지는데, 그들은 초입부터 먹을거리 이야기에 엉덩이가 들썩거린다.

먹고 사는 것이 생존의 윤리였던 60~70년대 독일로 온 그들에게 지천으로 깔린 산부추(산마늘이라고도 함)는 유혹 그 자체였다. 맏언니든 막내든, 손에 물을 많이 묻혀보았든 안 그랬든, 그들은 하나같이 바지런을 떨었다. 한 병원에서 3교대를 뛰고도 주말, 휴일에도 다른 병원에 가서 돈을 벌었고, 그 나머지 시간도 쪼개어 숲으로 내달렸다.

언젠가 도심 인근 숲
에 따라간 적이 있다.
이곳에서 오래 사신
파독 어르신은 작은
칼과 비닐장갑, 비닐봉
지를 비장하게 배낭에
넣고는 앞장을 섰다.

그곳엔 산부추(산나물이라고도 함)가 너울너울 춤을 추고 있었다. 마치
우리가 올 것을 기다렸다는 듯이 봄바람을 따라 스며드는 노래 결에 맞
추어 어깨춤을 덩실거렸다. 봄에는 신부추를 채취해서 냉동실에 넣어
두고 1년을 난다고 했다. 만두 속을 만들고, 부추전도 부치고, 나물과 고
추장을 쓱쓱 비벼 먹는 맛은 환희를 느낄 정도라 했다. 해보니 정말 그
랬다. 오는 길에는 냉이를 캤다. 봄맞이 길에 냉이된장국은 보약과 다름
없다. 물론, 씻을 때는 팔이 저리는 것 같았지만, 고통 후에 입에 스미는
열매는 달짝지근했다. 냉이 된장국을 먹다가 김훈 작가의『자전거 여행
』에서 '냉이된장국'에 대한 표현이 생각났다. 절로 고개가 끄덕여지는
문구였다.

냉이의 저항 흔적은 냉이 속에 깊이 숨어 있던 봄의 흙냄새, 황토 속으
로 스미는 햇볕의 냄새, 싹터 오르는 풋것의 비린내를 된장 국물 속으로
모두 풀어놓는 평화를 이루고 있다.

냉이는 독자적이면서도 융화적이다. 그리고 향수병의 악성종양을 녹여줄 정도로 위력이 크다. 봄날은 이렇게 구수하고 매력적이다. 봄이 오는 소리가 들리면 백의의 천사들은 제복을 벗고, 인간의 먹을거리를 향해 들소처럼 독일의 숲을 휩쓸고 다녔다. 보릿고개를 경험한 그들에게 자연이 준 선물은 풍요로운 축복이었다.

"그때는 우리 입맛에 맞는 음식도 없었고, 먹을거리 때문에 참 힘들었어요. 배추도 없어서 양배추를 사다가 고춧가루에 버무려 먹곤 했어요. 익은 양배추김치에 돼지고기를 넣고 찌개를 끓여 먹으면 사람이 죽어나가도 모를 정도로 맛있었지요. 나물이 먹고 싶어 산에 있는 고사리를 뜯어서 먹었지요. 80년대에나 배추가 나왔으니 근 10년 이상을 그렇게 산 것 같네요. 마음이 울컥하면 된장국을 한 솥 끓여 벌컥벌컥 들이마셨어요. 모두가 고향이 그리운 탓이죠"

당시 독일 사람들은, 토끼나 소에게 먹이는 풀을 한국 사람들이 먹는다고 수군거렸다. 그들은 고사리를 식용으로 하지 않기에 더 특이한 시선으로 바라보았을 것이다. 고사리는 말려서 한국으로 보내기도 했다. 억척스런 이들은 그것을 뜯어말려 한국으로 가져가 팔아, 비행기 삯에 보태기도 했다는 말도 있다.

기숙사 생활을 하면서 웃지 못할 에피소드도 있다. 부지런한 한국 간호사 중에는 고춧가루와 된장가루를 가져다 발코니에 담아놓는 이도 있었다. 근무를 하고 난 후 돌아오면 여지없이 없어지곤 했다. 이상한 냄새와 모양새 때문에 청소하는 이들이 죄다 버린 것이다. 얼마나 아까웠는지 가슴을 쓸어내릴 정도였다. 한 번은 고사리를 널어놓았다가, 근무 갔다 와보니 모두 쓰레기통에 버려져 나뒹구는 것을 보고 몰래 말리는 방법을 고민하곤 했단다.

그들이 마늘 넣은 한식을 먹고는 냄새 날까 봐 생각한 것은 커피였다. 원두커피를 내려 마시면 그 향긋한 향이 방향제 역할을 했다.

독일인들은 커피광이다. 거리마다 즐비한 노천카페도 그렇고, 식사 때마다 커피는 터줏대감이다. 세계에서 세 번째로 커피를 많이 수입하는 나라이기도 하다. 독일은 와인과 맥주로도 잘 알려졌지만, 사실은 유럽에서 커피를 가장 좋아하는 나라다. '카페바움'이라는 커피전문점은 1694년에 오픈해 괴테를 비롯한 문학인, 리스트, 바그너, 슈만 같은 음악가들의 단골카페이기도 했다. 세기의 커피광인 나폴레옹이 베를린을 점령해 주둔했을 때도 단골카페에서 블랙커피를 즐겨 마셨다. 19세기 철학자가 커피를 '선정적인 지옥의 검은 음료'라 칭했던 것처럼 커피는 중독성이 강했다. 기분을 맞춰주는 묘한 마법사다.

나는 가끔 비가 오는 날에 카푸치노로 센티멘탈 한 감성을 즐기고, 에스프레소에 생크림을 넣은 카페 콘파냐로 생글거리는 하루를 만들기도 한다. 매혹적인 요부처럼, 혀끝에서 쓴맛을 느끼는 커피 한 잔의 아침. 독일의 아침은 보통 간단한 브레첸과 커피, 덤으로 삶은 계란이면 충분하다.

60년대의 한국 커피는 미군부대에서 흘러온 외제품이 많았다. 미군부대에 다니는 지인이 있어 커피를 마셔보았다는 파독 1세대 어르신 한 분은 "그 맛이 독약처럼 썼다."고 술회한다. 70년 9월, 모 회사에서 레귤러커피를 만들어냄으로써 커피 보급에 날개를 달았다. 서울 명동의 '갈채다방'이나, 음악감상실 '돌채', 70년대의 전문커피숍 '난다랑'을 경험한 이들은 독일에 오자마자 커피를 즐겼다. 독일은 이미 커피가 대중화된 음료였다. 사실 고종황제 시절 독일인 손탁 여사가 처음 커피를 한국에 알리게 되었다니 독일과는 커피의 인연도 깊다.

독일에 온 1세대들은 처음엔 커피의 진한 맛에 어색해했다. 하지만, 점차 그 깔끔한 맛에 매료되어 병동생활과 막장생활의 즐거운 동반자가 되었다. 막장을 나온 후 피곤함으로 노곤해진 몸에 마약처럼 빨려 들어가는 한 잔의 커피는 파독 광부들의 피로 회복제였다. 여태껏 숭늉 문화에 익숙해 있던, 시골에서 온 청춘들은 독일에서 새로운 음료 문화를 맛보게 된다.

이렇듯 커피에 빠졌지만, 우리에게 있어 독일 하면 대명사처럼 떠오르는 것이 와인과 맥주다.

독일 라인 가도를 달리면 널따란 포도 농장들이 펼쳐진다. 베른카스텔러 독터, 포스터 운게호이어, 스타인베르거 등은 독일의 유명 포도주 상표다. 탱글탱글한 열매들이 눈과 입을 삽시간에 유혹한다. 포도주는 12세기 전후에 생산되었다. 독일 기후에서만 자라는 리슬링 포도주도 유명하다. "맥주와 빵은 뺨을 발갛게 한다."라는 속담은 그 정도로 건강에 좋다는 말이다. 하지만, 독일 사람들은 맥주를 포도주보다 6배나 더 많이 마신다. 맥주 총 생산량의 절반 이상이 바이에른 지방에서 생산되고, 맥주의 종류만 해도 100여 종이 넘을 정도로 맥주 강국이라 할 수 있다.

60년대 OB맥주를 마시고 온 이들은 그래도 럭셔리파에 속했다. 60년대만 해도 맥주는 아직 낯설고 고급스러운 술로 인식되었다. 70년대 초반까지도 전체 주류 중 탁주의 비중이 50% 이상 차지했고, 맥주는 겨우 6% 선에 지나지 않았다. 대부분 빈티지들은 탁주에 의존했다. 맥주는 그렇게 일반대중이 소비하기에는 경제적으로 부담스러운 술이었다.

이야기는 바야흐로 맥주로 흘러갔다. 그때 독일로 온 기숙사의 한국인 간호사들은 소일삼아 주말이면 클럽을 가곤 했다. 한 번은 기숙사에서 가장 친한 한인간호사 네 명과 춤을 추러 갔다가 탁자 위에 놓인 맥주를 여러 병째 마시며 한국노래를 부르기 시작했다. 주위 의식은 아랑곳하지 않고 고성방가를 질러댔던 추억이 아직도 그들 입가에서 새록거린다. 그곳에서 그들은 눈물이 복받쳐 올라 얼싸안고 울었다고 한다. 동양에서 온 얌전한 아가씨들은 그날 고향에 대한 향수와 타향살이의 고뇌를 그렇게 삭이고 있었다.

그들은 지금 기숙사의 고단한 기억을 추억으로 보듬는 아량을 가졌

나. 과거를 더듬어, 힘들고 서글펐던 젊은 날은 바람결에 날려버리고 기쁜 추억만을 생각해낸다. 깔깔웃음이 꼭 스무 살 그때다. 허연 머리카락 사이로 스무 살 처녀의 얼굴이 스멀거린다. 마치 봄날의 따스함 같다.

가끔은 유머로, 가끔은 창밖으로

아침부터 점심 도시락 때문에 부신을 떨 필요는 없었다. 그냥 몸만 오라는 기분 좋은 초대를 받들어 가을 냄새 나는 에세이 하나 달랑 배낭에 챙겨 들었다. 희뿌연 아침이 가고, 오후쯤엔 화창해지리라는 일기예보의 설명이 있었다. 버스를 타고 아우토반을 달리자 겹겹이 쌓은 내면의 방어막이 뚫리듯 시원했다. 독일 맥주를 잉태하는, 거대하게 펼쳐진 밀밭을 놓치기 아까워 눈을 비스듬히 돌려 창밖으로 시선을 향했다.

한인 1세대 여성단체 세 팀의 회원들이 소시지가 맛있기로 유명한 튀링겐 지역으로 일일 버스여행을 떠났다. 어린 시절, 집안 어르신 계모임 단체여행에 따라간 것 말고는 어르신들과 함께하는 단체 버스여행은 생소했다. 운전사의 머리 위 텔레비전 모니터에서는 간드러진 장윤정의 노래가 『가요무대』를 타고 넘실대었다. 그날 여행에 난 가장 나이 어린 게스트로 참여했고, 그래서 받는 혜택도 맛깔스럽다. 초로의 어르신들이 모인 버스 안엔 웃음소리가 번졌다.

"에에……!. 오늘 이 버스여행의 안내양을 맡은 김성자입니다. 다 모였으면 오라이~!"

만날 때마다 시원시원하고 유머 백배 파독 간호사 출신 어르신이다.

"내가 이야기 하나 해줄게요. 거 머시더라. 어느 부부가 쇼핑하러 다닐 때마다 항상 손을 꼭 잡고 다닌다네. 그 모습을 본 가게 주인이 물었어. '두 분은 얼마나 금실이 좋길래 이렇게 손을 잡고 다니세요?'라고 말이지. 그랬더니 남자가 한숨을 푹 쉬더래. '제 아내의 충동구매를 막을 방법이 이것밖에 없구만요.'라고. 오죽했으면 미운 여편네 손잡고 다니겠어? 안 그래?"

모두가 박장대소다. 나 또한 에세이를 펼치다 말고, 귀가 김 씨의 입에 머물렀다. 그분의 넉살 덕분에 도착할 때까지 배꼽과 정신을 그분에게 헌납해야 했다.

내가 주도하는 문학 모임에서 그는 언제나 빠질 수 없는 감초였다. 영화 『친절한 금자씨』에서 들은 말인데, 프랑스에서는 대화 도중에 말이 끊어지면 천사가 잠시 지나가는 시간이라 했다. 하지만, 김 씨는 천사의 방문시간을 좀체 허락하지 않았다. 이야기가 숨을 죽이거나 분위기가 가라앉을 때 그의 유머는 언제나 빛을 발했다.

김 씨는 70년 9월에 간호사로 독일에 왔다. 그의 낙천적이고 활달한 성향은 아마도 딸부잣집 중간 딸인 넷째 딸로 태어난 것에 기인한 것 같다. 그의 말마따나 손 위, 손 아래에서 압력을 주는 바람에 생존경쟁에서 살아남기 위한 몸부림이 아닐는지. 6남매의 넷째 딸인 내가 십분 이해하는 부분이다.

어린 시절 그의 집은 주소가 필요 없이 동네에서 '꽃집'으로 통했다. 딸들을 꽃에 비유했거나, 사시사철 꽃들이 만발한 이유도 있다. 아버지는 유도화와 장미를 접목하면서 전시회도 열만큼 꽃에 대한 애착과 안목이 높았다. 마당 앞뜰에는 왕 살구나무가 그늘이 되어 주었고, 울타리 안쪽으로 딸기넝쿨, 호박넝쿨이 탐스러웠다. 아버지는 고운 딸들을 위해, 커다란 바위에 구멍을 파 인공연못을 만들어 주셨고, 그 속에는 일곱 마리 금붕어가 파문을 그리며 떼 지어 놀았다.

그의 집은 사람들의 왕래가 잦았다. 대청마루에는 항상 잘 삶아진 국수가 한 소쿠리 담아져 있었다. 배고픈 사람들은 뜨거운 멸치국물에 훌훌 말아서 감칠 나게 먹고는 허리를 연신 조아리며 마당을 나섰다. 집에서는 언제나 명랑한 노랫소리가 마당을 타고 넘었다. 일곱 공주가 화음을 맞추어 노래를 부르면, 골목길을 지나던 행인도 발길을 멈추고 담장 너머를 기웃거리곤 했다. 동네 총각들은 일곱 공주 중 한 명에게 선택되는 행운을 바라며 볼이 발개지도록 담장 옆을 서성거렸다.

문학 모임에서 '어린 시절에 대한 추억'을 주제로 습작하는 시간을 가졌다. 집에서 쓰기로 하고 다음 시간에 습작내용을 읽었는데, 김 씨의 글은 확실히 잘 익은 복숭아처럼 감미로웠다. 눈만 감았으면 아마도 그분을 동화책 속 공주로 착각할 뻔했다. 과거의 기억은 미화되기 마련이지만, 그래도 아름답게 추억하는 것만큼 자신을 치유하는 기능은 없다.

그의 부모님은 당시에 딸 일곱을 낳고도 죄인이 아니었다. 오히려 자라면서 딸들이 그런 부모님께 고맙고 죄송스러웠다. 아버지는 그 시절에 개화된 이로, 가난한 살림이지만 딸들을 어떻게든 가르치고 싶었다.

6·25 직후 고아가 된 아이들을 친자식처럼 대해주셨던 부모님은 그에게 나이팅게일 정신을 강조하는 간호사가 되길 바랐다. 아버지의 뜻과 자신의 의지를 모아 여고를 졸업하고는 고향에 있는 보건소에서 간호사로 일했다. 그때 친한 친구가 파독 간호사에 지원하기에 덩달아 신청을 했다. 그의 파독 이유는 이렇듯 너무 간단하다.

부모님의 울타리 밑에서 결혼하고 평범한 인생을 꾸려가라는 주변의 조언이 들리지 않았다. 열정적인 그에게 독일행은 유혹 그 자체였다. 당장에 보따리를 쌌다. 경쟁률도 치열했지만, 막상 간다고 작정하고 나니 덜컥 합격을 했다. 간호보조원으로 독일에 왔지만, 공부를 더 하고 싶었다. 당시에 독일에 온 간호보조원 중에는 시간을 쪼개 간호대학에 입학하거나 의학공부를 하는 이도 있었다. 결국, 그는 일과 간호학 공부를 병행하며 바쁜 독일생활을 보냈다.

처음이자 마지막 근무지는 정신병원이었다. 35년 동안 한 병원에서 환우들과 함께 어울렸다. 한국인 간호사도 많았다. 그 병원에는 한국 간호사가 전체 간호사의 3분의 1 정도나 되었다. 함께 힘을 모으면 되지 않는 게 없을 정도였다. 누군가는 정신병원을 힘들다고 터부시했지만, 그는 오히려 좋았다. 정신적으로 힘든 이들을 만나게 되니 버티지 못하는 이도 많았다. 일은 힘들었지만, 환우들을 돌보면서 깊이 있는 인생을 체험했다고 말한다. 그는 누군가를 도와주는 것을 즐기는 편이다. 선천적으로 타고난 것 같다. 아버지가 실천했던 도우미 정신을 자신도 이어가고 싶은 것이다. 그는 한인회와 간호협회의 책임자가 되어 한인사회를 한데 모으는 데도 공을 들였다. 입양아들을 자기 자식처럼 생각해 정체성을 심어주는 대모 역할도 했다. 부업은 간호사였지만, 자신의 삶을 흐르는 모토는 남을 돌아보는 것이다.

물론, 병원생활이 호락호락하진 않았다. 정신이 혼미해 날뛰는 환우들을 끌어앉혀 진정시키고, 육중한 독일노인들을 연약한 몸으로 들어올리는 일 등 육체적인 힘듦도 있었다. 개인적으로는 이혼의 아픔과 질병도 엄습했다.

만약 내가 한 사람의 가슴앓이를

멈추게 할 수 있다면

나 헛되이 사는 것은 아니리

만약 내가 누군가의 아픔을

쓰다듬어 줄 수 있다면

혹은 고통 하나를 가라앉힐 수 있다면

혹은 기진맥진 지친 한 마리 울새를

둥지로 되돌아가게 할 수 있다면

나 헛되이 사는 것은 아니리

– 에밀리 E. 디킨슨–

그녀는 그렇게 기진맥진 지친 울새를 돌보아주는 독일의 이모로 불렸다.

그동안 문학모임에 한 번도 결석하지 않았던 그가 보이지 않았다. 그는 누구나 느끼는 힘든 병, 암이라고 무덤덤하게 말했다. 하지만, 몇 개월 후 다시 찾은 그의 모습은 살이 빠져 핼쑥해진 것 외에는 달라진 게 없었다. 오히려 예전보다 밝고 명랑해 보였다.

"병원에 누워 있었드만, 몸이 근질근질해 못 쓰겄어. 아플 때도 웃긴 이야기가 생각나서 적을라고 그랬당게. 아프다고 마냥 징징거리고 있으면 뭐할 거여? 하하하!"

여전히 활기찬 모습이다. 강인한 척 가장했다 해도 그의 노력이 보기 좋다. 아픈 와중에도 유머를 생각하려고 했다는 용기가 부럽다. 다시 한 번 인생과의 해후를 축하하고 싶다.

가끔 그분을 뵈면 늘어진 바지처럼 자꾸만 흘러내리는 내 삶을 조여주는 그 무언가를 배우게 된다. 그분과 함께 있으면 건강하지 않은 삶도 우울해질 이유가 안 된다. 지금 이 순간을 기뻐하며 영원을 이어가는 것, 현명한 삶을 사는 방법이다.

　잠시 휴게소에 들러 벤치에 앉아 파독 간호사 어르신들이 준비한 도시락을 먹었다. 어떻게 재료를 구했는지 찬이 화려하다. 불고기, 잡채, 전, 닭튀김, 마늘종 장아찌에 부각 튀김까지. 오랜만에 독일 속 한국의 풍성한 식탁을 만끽했다. 황후의 찬보다 꿀맛이다. 그들은 그렇게 함께 모여 괴로운 기억마저 소진시키고 달달한 인생을 살아간다. 힘들 때 유머를 생각해내고, 우울한 날에 잠시 창밖의 서늘한 바람을 쐬는 것이 그들이 지금 독일 땅에서 생존하는 방법이다.

그들에겐 행운이 필요했다

여름이 몰려오면서 봄이 재빨리 퇴각하는 어느 날이었다. 95년 6월 29일의 일이다. 퇴근하는 버스 안에서 6·25 전쟁 이후 가장 처참한 소식을 접했다. 멀쩡하던 백화점이 무너졌다는 것이다.

그날 오전에 회사일로 서울 교대역 근처를 다녀오던 중, 생긴 지 얼마 되지 않은 삼풍백화점을 한 바퀴 돌아온 나로서는 믿기지 않은 사건이었다. 사선을 넘어 겨우 살아온 병사처럼 심장이 옥죄어 왔다. 죽음의 순간을 피했다는 안도감이 오히려 불경스럽기까지 했다.

우리네 인생은 이토록 예측할 수 없는 터널을 지나오는 것일까? 죽음은 언제나 우리 곁을 맴돌고 있다는 사실을 여실히 깨달은 순간이다. 생각해 보니 삼풍백화점 에스컬레이터를 오르면서 심장의 언저리에 파닥파닥 가쁜 맥박이 뛰었던 것 같다. 몸이 아는 예시력인지, 눈을 유혹하는 보석전을 채 구경하지도 않고 종종걸음으로 빠져나왔었지.

건물이 무너지면서 1,500여 명 가까이 인명피해가 나고, 주변에 파편이 튀어 지나던 행인 중에도 부상자가 속출했다고 한다. 퇴근길 무렵에 일어난 붕괴사고는 그날 저녁을 혼란의 도가니로 몰아넣었다. 사망자가 501명이고, 부상자는 937명이었다. 부상자 중에는 죽음의 투쟁에서 어렵사리 구조된 사람도 있었다. 사망자 중에는 입사 첫날인 신입사원도 있었을 것이고, 매달 벌어 가족을 살리는 소녀가장도 있었을 것이고, 저녁 찬거리를 사려고 아이를 둘러업고 식품 코너에 들른 주부도 있었을 것이다.

보름을 건물 잔해에 묻혀 있다가 생환된 젊은이들은, 구조활동을 지켜본 국민에게 강력한 희망의 메시지였다. 그 어느 경우보다 생과 사를 넘나드는 리얼리티의 정점이다. 살아있는 자들은 텔레비전에 시선을 고정한 채 그곳에 있지 않은 것만으로도 가슴을 쓸어내렸다. 비정한 것 같지만, 그 어느 때보다 살아있다는 것에 감사했다. 떠나버린 자의 뒤에 남은 가족들은 어떤가. 사랑하는 사람을 잃은 가족, 친구들의 비통함을 질량으로도 숫자로도 가늠할 수 없다. 인생은 이렇듯 우리의 의지와 무관하게 생의 터널을 지난다. 난 죽음의 문턱을 넘어 사라진 그때의 그들보다 17년을 더 살고 있다.

우여곡절을 겪으며 인생의 고개 고개를 넘어 독일에 와 사는 경우를 보게 된다. 또 인생의 한파를 겪고 우뚝 선 이도 있다. 각각의 인생마다 어쩜 저리도 인생 스토리가 많을까 생각하며 하나님은 각 사람에게 다른 메시지를 부여해주셨으리란 생각을 해본다.

60년대 파독 광부로 온 이 씨는 한국에서 힘든 보릿고개를 겪었다. 공부를 하고 싶었지만, 가정형편이 허락되지 않았다. 우연히 접한 파독 광부 모집 공고는 인생의 대안이었다. 당시 독일만 갔다 오면 집이 생기고, 논과 밭을 사고, 집안을 일으킬 수 있다는 소문이 팽배했다. 높은 경쟁률을 뚫고 떠난 이들은 부러움의 대상이기도 했다. 독일행 비행기는 불안한 미래를 부정하는 힘겨운 날갯짓이었다. 비행기 안에서 줄곧 홀로 계신 어머니의 눈물진 얼굴이 앞을 가렸다. 이를 악물고 버틴 생활은 눈물의 연속이었다. 3년의 계약기간을 채우고 고향으로 돌아가리라, 그는 다짐하고 또 다짐했다.

채탄작업은 사선을 넘는 무서운 중노동이었다. 수갱을 타고 지하 1,000미터 이상까지 내려가서 거기에 깔린 석탄을 캐 지상으로 끌어올리는 작업이다. 당시 광부들은 스템펠(Stempel)을 쳤는데, 이는 한국 광산의 동바리에 해당하는 수압식 장치가 되어 있는 철제기둥이다. 호벨이라고 하는 거대한 철제 대패가 석탄층을 깎고 지나가면 그 공간에 스템펠을 빨리 세워서 암석층의 붕괴를 막아야 한다. 이런 식으로 진행하다가 뒤에 있는 스템펠을 제거해 앞으로 끌어다가 다시 세워주는 작업을 수행해야 한다. 스템펠 무게 하나가 60kg 정도였으니 당시 못 먹고 못 입고 살았던 한국인들에겐 힘에 부치는 일이었다.

어떤 쇳덩어리가 후려치고 지나갈지 모른다. 땀이 범벅된 얼굴은 이미

새까만 탄가루로 화장되어 있어서 목욕하기 전에는 누가 누구인지 분간하기조차 어려울 정도였다. 손가락이 잘리고, 발을 절단당하고 한 눈이 실명되어, 암석에 깔려 죽어간 동료도 여럿이다. 지하 압력은 상상 외로 강하다. 조그만 돌멩이가 어깨를 때려도 충격이 심하다.

특히, 석탄에서는 메탄가스가 나온다. 광산에서의 대형사고는 보통 메탄가스 폭발이 많은 편이다. 갱에서 폭발이 일어나면 고열 때문에 살아날 가능성은 거의 없다.

그야말로 갱 속 탄 더미를 한 번 내리칠 때마다 피눈물이 흐른다. 지하의 바람과 뜨거운 광도는 살아있는 지옥이었다. 안경과 마스크가 없으면 앞을 볼 수도 없고, 호흡마저도 힘들었다. 굴 속에 박힌 호벨이 우레 같은 괴성을 지르며 지나갈 때마다 석탄가루가 눈꺼풀 위에 수북이 덮였다. 너무 따가워서 실컷 울고 싶어도 울 수 없었다. 게다가 마이스터라 불리는 감독관이 고래고래 괴성을 질렀다. 삽으로 때리고 욕을 퍼부어댔다. 물론, 목소리가 들리지 않기 때문이기도 하지만, 거친 막장의 사람들은 과격한 이도 많았다.

3년만 기다리자. 그리고 금의환향하자. 그 신념으로 삽질을 했다. 흑빛 사이로 어머니가 흐릿하게 보이다 사라졌다. 그때였다. 굉음이 울리며, 그의 의식은 기억 밖으로 사라졌다. 막장 안에서는 끊임없는 죽음과의 전쟁이다. 지상으로 올라오지 못하고 지하에 갇히면 그곳이 묘지가 되는 것이 이들의 인생이다. 이 씨는 그리도 그리웠던 어머니의 품으로 한 줌의 재가 되어 날아갔다. 이 씨의 유품은 면도기와 벼룩시장에서 싼값에 구입한 가죽 점퍼, 속옷 몇 개가 전부였다.

통계에 의하면, 파독된 후 3년 동안 12명의 파독 광부가 목숨을 잃었다고 한다. 다친 사람도 많았다. 한국인 광부가 가장 많이 다친 부위는 손가락이다. 당시 증언에 따르면, '열 손가락 가운데 하나도 다치지 않는 파독 광부는 거의 없을 것'이라고 했다.

상대적으로 체력이 약한 한국인들은 크고 작은 위험에 노출되었다. 광부들은 샤워하면서 상대방의 문신을 바라보며 씁쓸한 웃음을 흘렸다고 한다. 상처가 나면 석탄가루가 피부 사이로 들어가고, 석탄을 안은 피부는 그렇게 석탄가루와 함께 재생작업을 거쳐 마치 자신의 피부처럼 굳는다. 이렇게 생긴 광부들의 타투, 즉 문신이다. 그 상처를 보면서 힘들었던 탄광 노동자 시절을 되씹는다.

살아남은 동료 광부에게서 그 이야기를 들었을 때 심장에서 굉음이 들리는 것 같았다. 살아남은 그는 말했다. "파도에 밀려 거품처럼 바닷가에 떠밀려 닿았을 때, 요행처럼 그것을 견딘 것 같다."라고. 죽어가는 동료를 보면서 광부들은 이를 악물고 독일생활을 견뎌냈다. 그들 몫까지 살아낸 것이다.

도종환 시인의 「담쟁이」가 떠올랐다. 50년을 이국땅에서 살면서 견딘 그들은 담쟁이처럼 벽을 넘는다. 기어이 그리고 넘어섰다.

저것은 벽

어쩔 수 없는 벽이라고 우리가 느낄 때

그때

담쟁이는 말없이 그 벽을 오른다

물 한 방울 없고 씨앗 한 톨 살아남을 수 없는

저것은 절망의 벽이라고 말할 때

담쟁이는 서두르지 않고 앞으로 나아간다

한 뼘이라도 꼭 여럿이 함께 손을 잡고 올라간다

푸르게 절망을 다 덮을 때까지

바로 그 절망을 잡고 놓지 않는다

저것은 넘을 수 없는 벽이라고 고개를 떨구고 있을 때

담쟁이 잎 하나는 담쟁이 잎 수천 개를 이끌고

결국 그 벽을 넘는다

'글뤼크아우프(행운을 빕니다)'라는, 광산에서 나누는 짧은 인사말은 그들의 심장에서 나오는 통한의 인사말이다. 생과 사를 넘나들며 '행운'이라는 단어만큼 가슴 뜨거운 메시지가 있을까. 그들에겐 날마다 행운이 필요했다. 누구를 가리지 않고 달려드는 위험성에서 살아남을 수 있는 행운만이, 사선(死線)의 경계에 선 그들에게 가장 큰 소망이었다.

눈인사를 던지며 '글뤽아우프'라고 외쳤던 청춘들이 대한민국 현대화의 밑거름이 되었다고 하니, 그 인사말에 새삼 경의를 표한다. 그리고 그 땀방울과 노동의 대가로 부활한 대한민국의 저력이 결코 가볍지는 않으리라는 안도감이 든다. 앞서간 그분들 앞에 다시 한 번 깊은 감사의 목례를 올린다.

파독 광부와 간호사가 사랑에 빠졌다네

"얼굴이 희고 조그미힌데, 깡다구는 있어 보이더라."

어머니는 아버지의 첫인상을 그렇게 표현했다. 현자 씨네 문지방을 처음 넘어서던 날, 아버지는 순하디순한 현자 씨에게 "'가' 할래요, '나' 할래요?"라는 말로 그 시대 식의, 무뚝뚝한 아버지 식의 청혼을 했다.

"내가 좋으면 '가' 하고, 내가 싫으면 '나' 하시오."

은근히 어머니를 마음에 품었던 아버지는 그렇게 단도직입적인 구혼 작업을 펼쳤다.

시대에 순응하고, 집안의 의지에 좌우되었던 그때, 현자 씨는 허락할 수밖에 없었다. 수줍은 아가씨는 자못 황당했지만, 집안끼리의 중매는 거역할 수 없는 관례였다. 그래도 현자 씨는 싫은 내색은 아니다. 60년대의 사랑법은 어쩌면 더 단순하고 쿨한 것처럼 보인다. 사랑하고 이별을 밥 먹듯 하며 결혼해서도 마음이 갈림길인, 요즘의 사랑법보다 오히려 군더더기가 없다.

60년대 파독 광부로 독일에 온 이들 중엔 일명 '피아노 치기'를 통해 사랑을 영글어간 이들이 있다. 피아노 치기란, 간호원 기숙사 정문에 이름이 마치 음반처럼 적혀 있어 한국이름으로 보이는 간호사의 벨을 누르는 것에서 비롯되었다. 주말이면 꽃을 찾아 떠나는, 벌이 된 광부 아저씨들은 고국에 대한 향수를 그렇게 달랬다. 청춘이 아름다운 것은 사랑에 있어서 모든 것을 관대하게 용서해주기 때문이리라. 피아노 치기를 나선 청춘들은 전쟁터에 나가는 병사처럼 자못 비장하기까지 하다. 병원 기숙사 독일인 사감의 예리한 눈이 번뜩이며 주시하지만, 사랑에 들뜬 청춘에겐 승산 없는 도전으로 보인다.

한국에서 온 간호사들은 대부분 미혼이 많았다. 이국땅에서 더 성숙해진 그들은 고국의 여름을 넘실대던 보리밭의 푸르름보다 싱그러웠다. 게다가 대부분 고등교육을 받은 지적인 여성들로 누구에게나 호락호락하지 않는 매력이 있다.

파독 간호사 중에는 독일 남성에게 사랑의 화살을 맞아 재빨리 가정을 꾸리는 이들도 많았다. 동양의 작은 인형 같은 간호사들의 모습은 독일 남성들의 심장을 자극했을 것이 분명하다.

그 당시 간호사의 생활을 담은 사진을 보면 무공해 자연산 미인을 보
게 된다. 지금처럼 성형수술 미인으로는 견줄 수 없는 해맑은 처녀의 얼
굴이다.

간호사들은 독일 병원에서 빠른 속도로 인정을 받았다. 언젠가 주한
독일대사가 "한국 역사상 타국에 도움을 준 지적인 직업은 간호사가 처
음."이라고 말한 것을 보면, 그때의 한국 간호사의 활약은 주목할 만하다.
'코리안 엔젤', '연꽃(Lotus-Blume)'이라는 명성 탓인지 장기 체류가 허
용되었고, 정착도 빨랐다. 하지만, 파독 광부들은 3년이라는 계약 기간
이 정해져 있었다. 이 기간 이후엔 다른 직장을 찾거나 다른 나라 혹은
고국으로 돌아가야 했다. 독일에 남고 싶은 남성들은 파독 간호사들과
결혼하고 싶어했다. 장기 체류도 보장받고, 무엇보다 같은 정서를 가진
여인과 가정을 꾸리는 것이 이상적이라 생각했다.

주말마다 한국인 간호사 기숙사에는 파독 광부들의 발걸음이 잦았
다. 자동차로 몇 시간을 가야 하는 거리도 마다하지 않았다. 사랑을 위
해 무리해서 자동차를 구입하는 열정파도 있었다. 파독 광부는 루르 지
방과 아헨 지방에 많은 수가 거주했다. 자동차로 5시간 이상 걸리는 베
를린까지 여자친구를 만나러 가는 것을 마다하지 않았다. 주말이 되면
'Nurse Hunting(간호원 기숙사 방문을 의미함)'이라고 부르며 사랑을
찾아 돌아다녔다. 보통 이 나이의 여성들의 뇌 회로는 '짝짓기 경계태세'
에 돌입한다. 하지만, 이국에서의 사랑은 '같은 피'라는 이유만으로도 방
어벽이 무장해제 된다.

파독 광부 임 씨도 아리따운 한인 간호사와 사랑에 빠졌다. 그야말로 황금 커플이다. 주말마다 그녀를 만나려고 기숙사를 찾아갔고, 그녀 또한 한국의 정서가 그리웠기 때문에 쉽게 사랑에 빠졌다.

연분홍빛 소문이 스멀스멀 피어오르면서 급기야 대사관의 노무관이 주례를 서고 조촐한 결혼식을 올렸다. 결혼식장은 한인들이 만나는 또 다른 축제의 공간이 되었다. 타향살이에 힘든 젊은이들은 결혼식장에 참석해 하객들과 눈도장을 찍고 미혼의 청춘들의 경우 또 다른 미래를 기약하곤 했다. 그것은 이국땅에서 그들만의 고향을 만들어내는 거룩한 작업이었다. 부부가 된 그들은 어색한 빵과 소시지 밥상을 치우고, 된장국과 김치찌개로 오장육부를 어루만졌다. 3년의 광부 계약기간이 끝나자 간호사인 아내의 근무지를 따라 이동하면서 그들의 세월도 함께 저물어갔다.

임 씨는 자그마한 가게를 열었다가 실패했다. 스러지지 않는 그리움을 안고 돌아간 고국에서도 여의치가 않았다. 초등학생인 아이들이 한국 사회에 쉽게 적응을 하지 못했다. 젊은 아내는 자꾸만 독일을 원했다. 독일 숲의 광연이 그리웠고, 막 입에 달라붙은 독일어도 기억에 새록거렸다. 결국, 독일에 돌아왔다. 아내는 다시 병원 간호사로 일할 수 있었지만, 임 씨는 어느 곳에서도 불러주지 않았다. 어디서든 여자들은 '서바이벌'에 능하지만, 남자들은 쉽지 않은 법이다.

세월은 노한 파도처럼 거칠게 흘렀고, 임 씨의 머리카락에도 하얗디
하얀 서리가 내렸다.

집에서 조금 떨어진 곳에 텃밭을 가꾸는 임 씨는 칠십을 바라본다. 물
이 익은 텃밭의 체리나무 사이로 저만치 밀어버린 고국의 하늘을 잡아
당긴다. 둥실둥실 떠도는 구름은 잰걸음으로 고향의 하늘을 다녀오곤
이내 임 씨의 품속으로 달려든다.

"언젠가는 고향으로 갈 거여."

그의 목소리가 허공 속을 휘저었다. 파독 초기, 아려오는 향수에 젖어
한국인 아내와 결혼했지만, 그것으로도 그의 허기는 채워지지 않는다.
그의 호흡은 아직도 고향의 초가집 위 박넝쿨 위에 걸쳐져 있다.

"웬일인지 어머니의 보름달 같은 얼굴이 떠올라. 이젠 죽을 때가 된
겨."

그동안 언젠가는 돌아간다는 의지가, 꼭 가야만 한다는 자신만의 당
위성이 독일을 끌어안을 수 있는 버팀목이었다. 어쩌면 파독인들의 사
랑의 근간은 고향에 대한 그리움, 그것이었던 것 같다. 그래서 보리밭을
닮은 그녀를 위해 건장한 청춘을 불살랐을 것이다. 세월이 흘러도 발색
되지 않은 고향에 대한 애틋함, 그것을 계속 간직하고자 그녀를 찾았을
것이다.

불현듯 노희경 작가의 말이 생각난다.

"그녀는 자신을 버리고 사랑을 얻었는데 나는 나를 지키느라 나이만 먹었다. 사랑하지 않는 자는 모두 유죄다."

작가의 말 대로라면 사랑했던 이들은 모두 무죄다. 살아가면서 한 번도 사랑 앓이를 해보지 않은 이가 있을까? 그게 사실이라면 모든 사람은 무죄다.

그 많던 싱아를 누가 다 먹었을까

노란 주전자에 산딸기를 가득 담아 휘파람을 불며 비탈길을 내려왔다. 내려오는 길에 지천으로 깔린 달래와 냉이가 어린 소녀의 발길에 잠시 쉼을 가지라고 앙탈한다. 봄빛 아지랑이 사이로 풀벌레의 지저귐이 정겹고 풍광은 수채화 같다. 싱그럽던 들풀의 이름, 싱아를 따먹으며 흥얼거린 어린 소녀 앞에 한국전쟁이 한바탕 휩쓸고 간다. 소녀의 삶은 시대의 뒤안길로 내팽개쳐진다.

의용군으로 나가 총상을 입고 폐인이 된 오빠와 1·4 후퇴를 겪으며 구걸하며 살아야 했던 그녀의 50년대는 추억보다는 아픈 기억에 가깝다. 박완서 문학의 서정성을 여실히 보여주는 『그 많던 싱아는 누가 다 먹었을까』의 시대적 배경이다. 그녀의 실제 삶의 궤적이 드러난 작품이라고 평가해 자전적 성장소설로도 불렸다. 그녀의 유년의 기억은 '싱아'라는 들풀로 상징화된다. 싱아는 어려웠던 과거에 어린 대를 날로 뜯어 먹던, 신맛이 나는 풀이다. 힘든 시절에 입에 담았던 먹을거리들은 오랜 세월이 지나도 된장독처럼 묵묵히 기억의 퇴적층에 남는 법이다.

그러고 보니 칡뿌리의 달짝지근한 맛을 기억해내는 외할머니의 노년이 생각난다. 나이 팔십이 넘어 치매에 걸린 외할머니는 며느리인 외숙모에게 소리를 질렀다.

"이년, 분자야! 칡뿌리 캐서 달라고 했더니만 소식이 없어? 이년이 칡뿌리를 혼자 날로 묵었나, 삶아 묵었나?"

외할머니는 그렇게도 당신이 어린 날 드셨던 칡뿌리 타령을 하셨더랬다.

사실 오래전 이 책을 읽을 때는 '싱아'에 대한 빛바랜 유년의 기억이 그다지 깊이 공감되진 않았다. 어쩌면 그 들풀을 먹어보지 못한 미개척자로서의 공감의 허약성 때문이리라.

불운의 일제강점기와 6·25를 경험하지 못한 세대가 가진 안도감에 앞서, 그 시대를 살았던 이들에 대해 미처 공감하지 못할 것이란 선입견이 있었다. 하지만, 이곳에선 40~50년대를 걸어왔던 생생한 목소리들이 군집되어 역사의 한 측면을 생생하게 볼 수 있다. 파독 1세대들의 목소리를 육성으로 들으며 시대를 거슬러 통찰한다. 그들은 60년대 독일에 왔던 그대로, 자라나지 않은 나무처럼 그 시대에 존재하곤 했다.

이제 그들은 황혼의 숲으로 사라져가고 있다. 옆에서 죽어가는 사람들을 목격하지 않은 나의 세대가 일일이 정의할 수 없는, 그들의 가슴 절절한 사연을 생생하게 담아내지 못하는 게 아쉬울 뿐이다. 다 담기엔 세월이 너무 빠르게 지나가고, 너무 빨리 역사의 증언자들이 사라져가고 있기 때문이다.

시를 좋아하는 그분. 70년대 파독 간호사로 온 황 씨는 나이테만 늘어난 것 같다. 소녀였을 시기를 가늠할 수 있을 정도의 동안(童顔)이다. 동그란 얼굴에 살포시 내려앉는 미소를 만나면 오래전 드라마 『간난이』의 누이 같다. 언뜻 보면 박완서 씨의 선한 눈웃음을 닮았다. 가끔 그녀는 나에게 데이트를 신청하곤 한다. 장소는 그분 집 근처 공원 산책로이다.

그날은 비가 햇살처럼 눈부시게 내리던 아침이었다. 평소 노르딕 워킹을 즐긴다는 그분은 장비를 갖추고 나오셨다. 가랑비처럼 옷깃만 적시던 비는 우리가 공원의 중간을 넘어설 무렵엔 제법 사나운 소나기 흉내를 내고 있었다.

비를 피하려 큰 나무 둥지 아래 서서 숨을 골랐다. 흙속에 숨바꼭질하듯 숨어 있는 냉이가 넌지시 나무 둥지 아래 있는 날 바라보았다. 냉이는 자연의 일부이고 난 그저 자연 주위를 맴도는 인간일 뿐이다. 적막함 사이로 그날처럼 자연에게 소외감을 느껴본 적은 없다. 자연의 웅성거림 속에 단지 그분과 나만 또 하나의 객체로 남아 있는 이방인 같다는 생각이 들었다.

갑자기 그녀가 소리쳤다.

"우리도 저 냉이처럼 자연의 일부가 되어보자구요. 자! 비와 뜨거운 만남을……."

그녀는 내 맘을 꿰뚫고 있었고, 자연의 목소리를 공감하고 있었다. 그녀는 빗속을 마구 헤치며, 감탄한 듯 소리를 내질렀다. 그녀가 뿜어내는 문구 하나하나는 서정성이 흘러넘쳤다. 마치 그녀의 시간이 어린 소녀에서 멈춰버린 듯했다.

황 씨의 고향은 경기도 장단군, 판문점 근처다. 여섯 살 때, 6·25 동란이 나 남쪽으로 내려왔다. 그녀의 고향이야기를 들을 때면 마치 흑백영화 속에 멈춰버린 파스텔 톤 그림 같다.

"나의 어린 시절은 조용하고 한가로웠어요. 논길을 마구 뛰어다니고, 멱도 감구요. 여름 한나절에는 뻐꾸기가 집 근처에서 낮잠 자는 나에게 자장가를 불러주었지요."

지그시 눈을 감는 그를 따라 나도 눈을 감았다.

"건넌방에는 노랗게 익은 참외가 바구니에 가득 담겨 있고……. 아! 지금도 그 단맛이 생각나요. 마당 근처 뒷마루에는 소다와 단맛을 내는 사카린을 넣고 만든 찐빵이 얼마나 맛있었는지……."

그녀는 시인처럼 읊조리고는 입맛까지 다셨다.

"아 참, 싱아 알아요?"

싱아, 박완서 씨의 책 제목에서 읽고 참 오랜만에 들은 단어다. 어린 시절 그녀의 고향 근처 장단군에는 싱아가 그렇게도 많이 있었다고 한다. 『그 많던 싱아를 누가 먹었을까』의 무대인 개성에도 그렇게 많았다고 했다.

"시집간 언니가 멀리 강을 건너 우리 집에 다녀갈 때는 떡을 머리에 이고 왔어요. 그리고 언니가 이틀 정도 머물다 다시 돌아갈 때는 엄마가 장독대 뒤에서 꺼이꺼이 우셨지요. 난 어린 아이였을 때라, 언니의 뒤를 따라갔다가 싱아를 따먹곤 해가 뉘엿뉘엿 저물 때쯤에야 다시 집으로 돌아오곤 했어요"

황 씨의 싱아는 소설가의 그것처럼 어릴 적 향수로 기억 속에 정착된 듯하다. 이제는 그 곱고 여리던 어머니와 자상했던 아버지는 세월의 그늘 속에 사라진 지 오래다. 머리에 떡을 이고 친정집을 찾았던 언니도 20년 전에 별이 되었다.

그의 내면을 울컥하게 하는 시간은 한국 음식이 그리울 때다. "사랑은 위를 통해서 이루어진다."라는 독일 속담이 있는데, 40년을 함께 산 독일 남편은 한국 음식을 그다지 즐기지 않는다. 지금은 아무거나 먹고 싶은 거 냄새 풍기며 해먹는다고 말하는 그녀에겐 아직도 채워지지 않은 고향에 대한 아릿함이 남아 있다.

황 씨는 고향이 그리울 때마다 집 근처 공원 숲으로 달린다. 고향을 닮은 초록의 풀들이 그를 자연 속으로 이끈다. 고향의 언덕으로 잡아끈다.

그날도 어딘가에 있을지도 모를 싱아를 찾아 헤맸다. 나노 박완서 씨의 싱아와 황 씨의 싱아를 함께 찾아주고 있었다.

잠깐 베를린, 기억해야 할 것을 기억하는 것

1966년 10월 15일 서베를린 템펠호프 공항에 한국인 간호사 126명이 내렸다. 2차대전 이후 소실된 도시 건설을 위해서 많은 인력이 필요했는데 병원 간호사도 마찬가지였다. 특히, 전쟁의 상흔이 많은 베를린이 독보적이었다. 현재 독일에서 가장 많은 한인교포가 거주하는 곳으로 역사, 정치, 문화 거점도시다. 우리에겐 '동베를린(동백림) 간첩단 사건'으로도 유명한 정치적 패러다임의 아픈 기억이 있는 곳이다. 파독 간호사 중 10%가량이 거주했던 베를린에 대해 잠깐 들여다보았다.

물론, 베를린은 독일 현대사에 있어서도 수도가 갖는 가치보다 더 진중한 의미를 담고 있다. 1918년 독일 제1공화국의 수도가 되어 이후 파란만장한 격동의 시간을 견뎌낸 도시다. 故 손기정 마라토너를 낳았던 36년 올림픽, 이후 38년에는 유대인 소유의 건물 유리창이 모두 부서진

'깨진 유리의 밤'이라는, 유대인 말살이 시작되는 끔찍한 밤도 도래한다. 17만 명에 달하는 유대인 인구는 45년에 이르러 5,000명으로 줄어들었다. 이렇듯 베를린은 역사의 소용돌이 속에 피비린내나는 참혹함을 감내해야 했다.

히틀러가 자살한 도시도 베를린이고, 도시가 반 토막 난 분단의 기억도 베를린이다. 이런 역사적 증거들을 기억하기 위한 기념물들이 많은 도시도 베를린이다. 유대인 학살이 할퀴고 간 현장에는 나치의 만행을 기억하기 위한 지하벙커, 박물관 등이 즐비하다. 그중 작센하우젠 수용소는 히틀러의 잔인성이 그대로 보존된 곳이다.

1936년 중부 독일의 부켄발트와 남부 독일의 다카우와 함께 죄수를 수용하기 위해 베를린 북부지역에 세워졌다.

지금은 조용하고 고즈넉하기 이를 데 없는 작은 마을이 66년 전만 해도 살벌한 공포의 참호였다. 나치 수용소 하면 폴란드의 아우슈비츠를 떠올리기 쉽다. 하지만, 생존자의 증언을 들어보면 오히려 작센하우젠에서 아우슈비츠로 이감된다면 부러워할 정도로 당시 작센하우젠 수용소의 악명은 높았다. 나치 히틀러에 반대한, 행동하는 신학자로 잘 알려진 디트리히 본 회퍼(1906~1945)도 이곳에서 처형당했다. 이곳에선 비단 유대인뿐만 아니라 나치의 인종정책 및 전쟁 반대론자, 집시, 동성애자들을 수용, 인종학적, 생물학적 열등그룹으로 나뉘어 무차별적 생명유린이 강행되었다.

이 수용소는 나치의 학살 주범인 SS 친위대 경찰수장인 하인리히 힘러(Heinrich Himmler)가 1936년 기초를 다졌다. 참고로, 하인리히 힘러는 유대인 말살은 물론, 레벤스보른 프로젝트(우수하고 순수 독일 아리아 인종을 배양하기 위해 계획적으로 남녀 간 성관계를 유도, 2만 명의 사생아를 양산한 사업)를 통해 인간교배 실험을 서슴지 않았던 히틀러 통치 시절 가장 악명 높은 인물이다.

36년부터 전쟁이 끝난 45년까지 20만 명 이상이 작센하우젠 수용소에 투옥되었으며 기아, 질병, 강제노역, 생체실험 및 학대로 10만 명 이상이 사망했다.

그 당시 삼엄한 경비체제를 대변하듯 곳곳에 감시탑이 주시하고 있고, 당시의 상황을 엿볼 수 있는 감옥 내 낙서, 생체실험장과 가스실이 그 참혹상을 적나라하게 노출하고 있다. 이곳 수용소에서는 강제노역을 통해 위조지폐를 만들었고, 생체실험을 통해 병사들의 전투력 향상을 위한, 마약성분이 강한 특수 약품도 개발했다. 실제로 이 약품은 1944년 11월 수용소 내 죄수들을 대상으로 실험했지만, 정작 전쟁이 종결되자 사용하지 못했다.

동독지역에 속한 이곳은 전쟁 후엔 소련군이 50년대 초까지 운영하게 된다. 이후 통일이 되자 나치시대를 그대로 보존, 과거의 유물을 상기하고 보존하자는 취지에서 이곳을 박물관 및 추모지로 변신시키기에 이른다. 이 박물관은 92년 이스라엘 라빈총리가 방문했을 때 한때 우익파의 방화공격이 있어 부분 재건작업이 필요하기도 했다.

1939년 11월 9일 독일 뮌헨의 한 지역. 뮌헨은 안개가 자욱했다. 그날 히틀러는 연설을 마치고 비행기를 이용해 베를린으로 이동하고자 했다. 하지만, 기상악화 때문에 기차를 이용해야 했고, 기차 시간에 늦지 않기 위해 그의 연설은 일찍 끝이 났다. 히틀러가 이동한 13분 후 폭발음이 울렸고, 8명이 죽고 63명이 부상을 당했다. 이미 기념식장을 떴던 히틀러는 구사일생으로 살아남았다. 통치 시절 40여 건의 암살기도를 당했지만, 그때마다 살아나 '자신의 업적을 계속하라는 뜻'이라 여겼다는 히틀러. 역사적 수치와 증오의 대명사로 기억되는 그와는 반대로 히틀러를 암살하려고 했던 이들은 전쟁 후 추앙을 받게 된다. 이날 폭탄을 장착하며 히틀러 암살을 기도했던 게오르그 엘제어(Georg Elser)도 그중 한 명.

지난 해 작센하우젠 박물관에서 열리는 전시회에 갔다.

주제는 '게오르그 엘제어[40년에서 45년까지 작센하우젠에서의 특별 죄수(Georg Elser: Sonderhäftling im KZ Sachsenhausen 1940 bis 1945)'].

히틀러 암살기도에 실패해 형장의 이슬로 사라진 독일 슈바벤 출신의 목수 게오르그 엘제어(Georg Elser)에 대한 내용을 토대로 한 사진 및 관련 다큐멘터리 전시회다.

그는 40년에서 45년까지 특별죄수로 이곳 작센하우젠 수용소에 이감된다. 독방죄수로 2명의 친위대 요원의 감시까지 받는다. 결국, 45년 4월 다카우 수용소에 끌려가 사살됨으로써 생을 마감한 그는 나치에 철저하게 대항한 용감한 시민으로 추대되며, 오늘날 독일 100대 인물에 선정되곤 한다.

현재 독일은 나치의 잔혹상을 뉘우치고 역사적 사실을 보존해 후대에 알리고 교육하는 데 힘을 아끼지 않는다. 수치스런 과거에 대한 마지막 양심인 듯 젊은 청소년들을 위한 역사교육을 강조한다. 일선 학교에서는 프로젝트타게(Projekttage: 어떤 테마를 통해 집중적으로 학습하고 알아가는 프로그램)를 통해 나치 시대의 비인간성을 재인식하고 고발하는 시간을 갖는다. 여름방학 기간에는 워크캠프(Work camps)를 통해 각국 청소년들과 이곳 포로수용소에서 체험학습과 교류의 시간을 갖고 있다. 여름캠프에서는 전 세계 국가 청소년들이 참여하기도 한다.

조용하고 평화로운 작센하우젠 마을의 경관을 바라보다 마치 타임머신을 탄 듯 수용소 안으로 미끄러져 들어간다. 입구에서부터 엄숙해진다. 그곳엔 지워버리고 싶은 역사적 상흔을 도리질하며 나치 시절과 같은 비극이 일어나지 않길 염원하는 마음으로, 70여 년 전 죽어간 그들에게 말없이 꽃을 놓는 이들이 있다.

문득 똑같은 2차대전 전범국인 일본을 생각한다. 위안부 문제, 강제

징용 등 용서를 구해야 할 과거사늘을 빙관한 채 시금도 영토 야욕에 불타 있는 모습이 한심할 뿐이다. 그들에게 뼈저리게 기억해줘야 할 증거들이 사라져가는 것이 아쉽다. 과거사 청산과 사죄 등 잊지 말아야 할 것을 잊지 않도록 피해자가 나서야 할 일이다.

작센하우젠 추모 벽 근처에 한 노파가 꽃을 들고 서 있다. 어떤 슬픔이 있었는지 파리한 몸으로 흐느끼는 그의 과거가 궁금해진다. 모두가 숙연해진 공간, 누가 말하지 않아도 그들 속에서 묵묵히 걸어가는 독일의 양심을 듣는다.

노인은 희망보다 추억 속에서 산다

노인은 희망보다 추억 속에서 산다. 여생은 얼마 남지 않았고 지나버린
인생은 매우 길기 때문이다. 희망은 미래로 추억은 과거를 향한다.

아리스토텔레스가 했던 말이다. '추억'이라는 단어가 주는 여운이 기
억의 문을 열기에 제격이다. 나이가 들수록 인생은 원을 돌아 다시 시작
점으로 향한다. 매몰찬 단절은 없다. 세월은 의식 저 너머에 가장 오래
된 기억으로 회귀한다. 오래된 기억의 귀환인 셈이다.

파독 간호사로 오신 분 중에 치매에 걸리신 분이 있다. 대부분의 사람
이 그렇듯 자신이 치매에 걸렸다고 생각하진 않는다. 가끔 그분 집을 방
문해 말동무를 해 드리곤 했다. 녹록지 않은 연세에도 1층 아파트 앞 작
은 텃밭을 일구었다. 그곳에서는 그분의 손 내음이 스며든 상추와 깻잎

이 싱그러운 젊음을 발산한다. 여든이 넘은 나이에도 허리가 꼿꼿하다. 젊은 날, 예쁘다는 소리깨나 들어봤을 법한 모습이다. 삶의 궤적이 느껴지는 낡은 편지와 흑백사진이 영사기처럼 집안 가득 메운다. 그분은 사진첩을 들여다보며 생생하게 자신의 추억과 조우한다. 그는 자신이 지나온 추억의 초원으로 날 인도했다. 낯선 것에 말 걸기. 어느새 난 그가 이끄는 대로 40년 전의 그녀 속으로 빠져들어 가곤 한다.

사뿐히 내려앉은 눈꺼풀 사이로 희끗희끗한 세월이 촘촘히 박혔다. 가장 좋아하는 잔이라며 내온, 라일락이 그려진 커피 잔에서는 꽃냄새가 났다. 또르르 찻잔에 내리는 물소리가 둘 사이의 정적을 깨운다.

바로 어제 일은 기억을 하지 못하지만, 유년시절과 한국에서 살았던 그때를 생생하게 기억해낸다. 꽃무늬 벽에는 친정아버지가 아닌 시아버지의 초상화가 걸려 있다. 검은 테 안경을 쓴 그는 언뜻 김구 선생님의 이미지와 닮았다.

"우리 시아버지가 날 귀하게 생각했지. 바르고 곧지만, 한없이 자애로운 분이셨어. 한 번은 몸살에 걸려 고생했는데, 잘 익은 홍시를 얻어다 며느리인 나에게 넌지시 갖다 주시는데 어찌나 고마운지."

그분과 이야기하면서 더듬어가다 보니 내 사촌오빠까지도 아는 사이였다. 언론사 기자로 일하다 30년 전 미국 이민을 갔던 사촌오빠를 아시는 것도 신기했다.

"얼굴이 참 잘생긴 기자였지. 사촌오빠에게 한 번 물어봐. H 신문사 사장의 질부라고 하면 금방 알걸. 세상이 참 좁구먼……"

알츠하이머 환우라고 부르기엔 그분이 기억하는 창이 넓고 섬세하다. 오랜 기억을 끄집어내며 조합하는 능력도 탁월하다. 헤르만 헤세의 「유실」이라는 시를 꺼내 들었다. '아! 따뜻한 고향, 거기서 너희가 나를 끌어냈지'라고 하는 부분에서 울컥한다. 마치 몽유병자처럼 과거의 추억 속에 몸을 내맡긴다.

몽유병자, 내가 숲과 계곡을 더듬어간다.
몽상적으로 내 주위에는 마법의 원이 작열한다.
구한 것이든, 저주받은 것이든 아무것도 주의하지 않으며
나는 내면의 명에 충실히 따른다.

얼마나 자주 현실이 나를 깨웠는가.
그 안에 너희가 살고 있고 내게도 거기로 오라 명령하는 현실
나는 그 안에서 퍼뜩 정신 들어 놀라 서 있다가
머지않아 다시 슬그머니 떠나버렸다.

아 따뜻한 고향, 거기서 너희가 나를 끌어냈지
아 사랑의 꿈, 거기서 너희가 나를 깨웠지

내 본질은 수천 가지 책략으로 도망쳐

내게로 되돌아온다 물이 바다로 돌아가듯

샘들이 노래로써 남몰래 나를 이끈다.

꿈 새들이 반짝이는 깃털을 움직인다.

새롭게 내 유년의 음음 울리기 시작한다

황금 그물 속에서 별들의 감미로운 노래 속에서

나 마침내 다시 어머니 곁에 있구나

– 유실/ 헤르만 헤세 –

그분은 자신이 치매에 걸렸다는 것을 망각한 채 40년 전 양로원 근무 당시 독일 치매할머니를 돌봤던 것을 생생하게 기억한다.

"그 할머니는 자기 음식을 다 드시고는 옆 사람이 먹었다고 난리를 치는 거야. 누가 훔쳐갔다는 거지. 어제 일도 기억 못 하면서 자기 아버지가 어떻게 돌아가셨는지 생생하게 알려주는 거야. 자신의 아버지는 의사가 필요 없다고 한 번도 병원을 안 갔대. 근데 어느 날 아버지가 심하게 아팠는데, 그래도 병원에 안 갔어. 결국, 맹장이 터져서 황천길로 갔지. 참 안됐어. 쯧쯧……!"

"어떤 할머니는 죽고 싶은데 물이 추워서 못 죽겠다는 거야. 한 번은 나한테 자기 나이를 물어보더라고. 그래서 93세라고 말해줬더니 '죽어야 할 유효기간이 지나버렸어.' 하는 거야. 하하하!"

그분은 병원에서 있었던 이야기를 열어젖혔다. 갈 때마다 그는 곱게 옷을 차려입고 집에 있는 액세서리는 죄다 몸에 걸치고 있었다. 그분만의 손님맞이 방식인 것이다.

"여자는 가꿔야 해. 난 독일에서 한 번도 민얼굴로 있어본 적이 없어"

그러고 보니 그분의 얼굴은 나이가 들어도 고와 보였다. 발그레한 볼터치도 반짝거렸다.

보통 치매 환우들을 위해 '사진 속의 기억'을 통한 치료방법을 사용한다고 한다. 즉, 과거의 것을 거슬러서 자신의 이야기를 재정립하는 것이다. 개인적인 생각으로 나이 드신 분들이 자신의 자서전을 쓰는 것도 기억의 재구성에 적절한 방법일 것이다. 사진이나 글을 통해 과거의 끝에서부터 거슬러 올라온다면 늙어간다는 상실감을 조금은 덜 수 있지 않을까? 어르신의 삶은 희망보다 추억에 산다는 말이 와 닿는다.

예고된 이별인가요

일본작가 쓰지 히토나리의 소설 『안녕, 언젠가』에는 호타카, 그의 약혼녀인 미츠코, 그리고 토우코, 이렇게 세 명이 등장한다. 업무 관계로 태국 방콕에서 생활하는 호타카는 잘 생긴 외모와 예의 바른 성격으로 장래가 촉망되는 청년이다.

일본에 있는, 결혼을 약속한 요조숙녀 약혼녀 미츠코와 매주 월요일마다 국제전화를 통해 그리움과 사랑을 전한다. 하지만, 호타카에게 누군가가 나타난다. 방콕의 호화로운 호텔 스위트룸에서 생활하는 아름답고 관능적인 몸매와 얼굴을 가진 토우코.

호타카는 그녀와 의도하지 않은 깊은 사랑에 빠진다. 빠져나오려고 하면 수렁처럼 스며드는 사랑. 호타카를 이용하려 의도적으로 접근한 토우코 또한 호타카에게 마음을 뺏겨 절망적인 사랑에 빠진다. 그들의 사랑은 길지 않았다. 운명은 그들에게 이별을 고하게 하고, 호타카는 약혼녀 미츠코와 결혼하게 된다. 하지만, 호타카는 결혼 후 아이를 낳고도 가슴 한구석 토우코를 잊지 못하고 그녀와 나눈 4개월간의 사랑을 잊지 못하고 평생을 기억하며 살아간다.

이 소설에서는 미츠코와 토우코 사이를 오가며 아슬아슬한 사랑을 나눈 복잡한 감정을 섬세하게 묘사하고 있다. 그 책을 펼치면서 첫 페이지의 '안녕, 언젠가'라는 시의 내용이 가슴을 때린다.

인간은 늘 이별을 준비하며 살아가야 하는 거야

고독이란 절대로 배신하지 않는 친구라고 생각하는 게 좋아

사랑 앞에서 몸을 떨기 전에, 우산을 사야 해

아무리 뜨거운 사랑 앞이라도 행복을 믿어서는 안 돼

죽을 만큼 사랑해도 절대로 너무 사랑한다고 해서는 안 되는 거야

사랑이란 계절과도 같은 것

그냥 찾아와서 인생을 지겹지 않게 치장할 뿐인 것

사랑이라고 부르는 순간, 스르르 녹아 버리는 얼음 조각

안녕, 언젠가

영원한 행복은 없듯

영원한 불행도 없는 거야

언젠가 이별이 찾아오고, 또 언젠가 만남이 찾아오느니

인간은 죽을 때, 사랑받은 기억을 떠올리는 사람과

사랑한 기억을 떠올리는 사람이 있는 거야

십 대가 될 때까지 이렇게 생각했다. 나이 든 어른들은 젊은 시대로부터 거슬러 나이 들어가는 것이 아닌, '늙음' 그 자체에서 시작되었을 거라는 착각을 했다. 그들에게도 분명히 유년시절과 청춘의 시기가 있었건만, 마치 먼 세상 이야기로 들렸다. 성인 자아가 늦게 발현된 탓이다. 이제야 나 또한 나이를 들어가면서부터 늙어간다는 시간의 흐름에 공감하고 산다.

1세대 어르신들이 독일에 첫발을 내디딜 때는 청춘이었다. 고운 한복의 맵시는 비행기 트랩을 내려올 때부터 관심거리였다. 독일 측에서 전통의상을 입길 원했기에 비행기 안에서 한복으로 옷을 갈아입었다. 형형색색의 한복을 차려입은 간호사들은 독일 매스컴을 연일 장식했다. 그들은 갓 스물을 넘었거나 그 고개 어디쯤을 사는, 솜털 보송보송한 숙녀들이 대부분이었다. 물론, 이 중에는 고국에 자식들을 놔두고 돈을 벌기 위해 혈혈단신 비행기에 오른 어머니들도 있었다. 광부들도 대학 졸업자들이 다수 섞인 인텔리 계층이었다. 당시 광부들은 미혼자도 있었지만, 고국에 처자식을 두고 온 기혼자도 있었다.

독일 오자마자 정신없이 독일어 학습에 몰입할 때는 몰랐다. 하지만, 시간이 흘러 아지랑이 넘실대는 봄이 오니 처녀들의 가슴은 울렁거렸다.

낙엽 지는 가을이 되면서 사내들의 심장이 사랑하고 싶어 안달이 났다. 이러한 사회적 분위기가 예상되자 고안해낸 아이디어가 있다. 파독 간호사와 광부들을 위한 주말 파리 버스여행이다. 광부들 숙소 앞에 인원이 차면 버스는 슬그머니 도심을 빠져나가 아우토반을 달린다. 선남선녀들이 모였으니 버스 온도는 급상승했다. 물론 기혼자도 섞여 있었지만, 나이대가 20~30대였기 때문에 공감의 흐름이 비슷했다. 몽마르트르 언덕과 구수한 바게트 빵의 유혹은 독일과는 또 다른 감흥을 만들었다.

"아이고 행님! 참말로 독일 오니까 좋습니더. 한국 살믄 행님이나 내나 이렇게 블란서 여행이나 해봤겠능교!"

"그랑께, 진짜 좋아분다. 블란서가 어디 붙었느지도 몰랐는디. 아따! 참말로 출세해부러당께."

버스 안은 이내 팔도 사투리가 섞여 고국의 향수로 버무려진다. 경남 사천에 사는 '와룡'이와 전남 영암에 사는 '월출'이가 이내 형님·아우 사이가 되는 게 이국땅의 풍경이다. 누가 먼저랄 것도 없이 처녀들의 품 안에는 정성껏 싸온 김밥과 해물전, 심지어 직접 만든 떡까지 쏟아진다. 막장 2,000미터 지하의 탄광에서 사투를 벌이던 광부는 오랜만에 호시절을 만났다. 오징어가 해물전에 버무려져 입안에서 오물오물 씹힌다. 버스 안에서 인생이 흘러간다. 길길이 뛰던 장정도 뒷덜미에 앉은 풋처녀의 「고향의 봄」 노래에 숙연해진다.

파독 간호사 김순영 씨가 파독 광부 서 씨를 만난 건 파리로 가는 관광버스 안에서였다. 파리로 가는 버스는 타향살이의 고뇌를 나누는 소통의 기회이자, 우리말이 통하는 이성을 만나는 핑크빛 설렘의 장소이기도 했다. 대부분 미혼자가 탑승하곤 했지만, 더러는 기혼자들도 파리 여행을 위해 그 차를 활용했다.

미혼의 간호사인 김 씨는 향수병이 심해서 한국 사람들을 만나 이야기를 나누면 허허로운 마음이 채워질까 싶어 관광버스에 몸을 실었다. 버스에 올라타자 옆 칸에 앉은 청년이 눈에 들어왔다. 순영 씨는 듬직한 서 씨가 맘에 들었다. 하지만, 서 씨에게 있어 관광버스 여행은 단지 힘든 독일생활에서 '파리로 가는 작은 비상구'일 뿐이었다. 사실 서 씨는 한국에 처자식이 있는 유부남이었다. 그 사실을 모르는 김 씨는 파독 광부 서 씨를 흠모했다. 파리를 다녀온 후엔 병원 기숙사로 초대해 한국 음식을 나누기도 했다. 파독 광부 서 씨에겐 독일에 온 목적이 있었다. 열심히 돈을 벌어 한국으로 돌아가려는 일념이었다. 하지만, 삼십도 채 안 된 장정에게 뼈에서부터 스멀거리는 외로움은 어쩔 수 없는 현실이었다. 계약기간이 지나고 고국으로 돌아갈 시간이 되자 그들의 슬픈 사랑은 끝이 났다. 나중에 그가 유부남이라는 사실을 김 씨가 알게 되었지만, 이미 깊은 사랑에 빠진 후였다. 하지만, 한국으로 돌아가고자 하는 서 씨의 마음도 마찬가지였다.

어떤 모습으로든 외도는 인정받기 어렵지만, 향수병과 외로움이 던진 아픈 사랑과 이별이라는 점에선 가슴이 찡하다. 이들의 사랑처럼 슬픈 연정을 간직한 채 각자의 인생을 걷고 있는 이들은 지금 옛 사랑을 기억하고 있을까?

　남아 있는 이에게 '힘내라'고 하기에는 너무 가벼운 격려 같다는 생각이 든다. 그래도 쓰지 히토나리의 시를 빌려 위로해 보련다.

나는 힘내라고 말하고 싶지 않아

힘내라는 격려의 말을 기대하고 있니?

그건 지금의 네게는 역효과야.

힘내라, 열심히 살아라라고

격려하는 소리들만 넘쳐나는 세상.

이제 사람들은 그런 말로는 참된 힘이 솟지 않아.

나는 도리어 이렇게 말하고 싶어.

'힘내지 않아도 괜찮아'

너무 힘을 내려고 애쓰는 바람에 네가

엉뚱한 길, 잘못된 세계로 빠져드는 것만 같아.

굳이 힘을 내지 않아도 된다고 생각하면 마음이 편해지잖니?

인간이란 실은 그렇게 힘을 내서 살 이유는 없어.

그렇게 생각하면 이상하게도 거꾸로 힘이 나지.

몹쓸 사람들은 우리에게 지나치게 부담을 주는 그런 사람들이야.

힘을 내지 않아도 좋아

자기 속도에 맞춰 그저 한 발 한 발 나아가면 되는 거야.

– 쓰지 히토나리 / 사랑을 주세요 –

80년 5월, 아! 독일에서는

독일에 오기 전, 두 권의 책을 폈쳤다. 독일 하겐 시 출신 작가 모니카 페트의 『행복한 청소부』와 피히테의 『독일 국민에게 고함(Reden an die deusche Nation)』이었다.

『독일 국민에게 고함』은 대학 다닐 때 겨드랑이에 폼으로 끼고 다녔고, 차분하게 통독한 기억은 솔직히 없다.

『행복한 청소부』에서, 예술가의 거리에서 표지판을 닦는 일을 하는 청소부 아저씨는 언제나 성실했고 자신의 일을 사랑했다. 그러던 어느 날 자신이 닦고 있는 거리의 예술가들을 진지하게 공부하게 되고 강연까지 하게 된다. 이 책은 보이지 않는 곳에서 행복을 찾게 되는 가슴 따스한 이야기이다.

2007년, 예술의 광기가 도사리는 베를린에 오자마자, 『행복한 청소부

』를 만날 수 있을 것 같았다. 그래서 스트리트 아트가 밀집한 예술가의 거리를 어슬렁거리곤 했다. 그 옛날 허름한 선술집 같은 풍경의 낡아빠진 예술가들의 둥지는, 청소부라고는 찾아볼 수 없을 것 같은 남루함 그 자체였다. 하지만, 날 것 그대로 보여주는 청춘들의 발랄한 웃음과 해사한 얼굴이 인상 깊었다. 뱀파이어처럼 그들의 열정과 광기를 빨아들이려고 기웃거리는 행인들도 얼핏 보였다.

피히테의 강연은 독일 국민에게 민족적 자각을 일으켜주었고, 범국민 운동을 전개하게 한 원동력이었다. 그가 1807년 베를린 학술원에서 행한 1년 동안의 강연은 지금의 독일을 만든 경쟁력의 모태였다. 그의 말이 뇌리에 남는다.

"행동, 이것이야말로 우리가 사는 목적이다."

중부 독일에서 열린 한인 광복절 행사에 참석한 적이 있다. 초로의 파독 간호사 출신 어르신들이 「독도는 우리 땅」의 가요에 맞춰 춤을 추는 모습이 인상깊었다. 백의민족을 느끼게 하는, 순백의 상·하의를 차려입은 이들의 열정적인 춤 놀림을 뚫어지게 쳐다보았더니, 누군가 옆에서 찔러댄다. 나가서 함께 추란다. 요추며 척추의 몸놀림이 예사롭지 않아 필시 공공의 적이 될 게 뻔하기에 겸손을 가장하며 손사래를 쳤다.

나와서 살아보니 알겠다. 나라가 잘 살고, 강대국이면 어깨에 힘이 들어가는 것을. 독일에 살다 보니 태극기만 봐도 울컥하는 것이 향수병이

라는 질병으로 치부하기엔 석연찮은 구석이 있다. 그것은 필시 우리만
이 느끼는 동물적 본능이리라.

　한쪽 천막에서 설문지를 나눠주는 이를 만났다. 다부진 입매가 진중
해보였다. 통일에 대해 열망을 갖는 이였다.

　간호사로 독일로 온 그는 80년 5월, 독일 방송에서 참혹한 장면을 만
나게 된다. 한국의 작은 도시 광주에 대한 어느 독일인 기자의 충격적
인 보고였다. 한국인으로서 창피하기도 하고, 이국만리에 돈 벌러 온 자
신이 호강하는 것처럼 느낄 정도였다. 그때를 회상하며 그녀는 잠시 눈
을 감았다. 눈을 뜨자 ㄱ의 눈에는 눈물이 고여 있었고, 소매가 바래지
도록 훔쳐냈다. 80년, 그녀가 독일에 온 지 10년 만이었다. 그때부터 어린
아이들을 업고 한국 정치포럼에도 나가고, 한국역사를 다시 배우기 시
작했다.

　"광주가 고향도 아니고 연고가 있는 것도 아닌데, 그때 텔레비전에 비
친, 광주항쟁에서 땅에 쓰러진 사람들을 보니 피가 거꾸로 솟더라구요.
가난한 나라를 위해 독일까지 왔는데, 나라가 건강해야지, 안에서는 피
바람 뿌리니 밖에 나가 있는 우리가 제대로 일이나 할 수 있겠어요? 우
리의 뼈아픈 현실이라고 느껴지자 팔을 걷어붙이게 되더라구요."

　광주항쟁은 전 세계에서 독일에 가장 먼저 알려졌다. 그녀는 광주항

생을 기점으로 평범한 아줌마의 일상을 탈출해 새롭게 세상을 보게 되었다.

문득 그 얘기를 들으면서, 광주항쟁을 고발한 '파란 눈의 증인' 유르겐 힌츠페터의 근황이 궁금해졌다.

독일 라츠부르크에서 의사부부의 아들로 태어난 그는 의과대학에서 방송국 기자로도 활동했다. 베트남을 비롯해 전쟁지역을 촬영해 보도하기도 했다. 광주항쟁이 일어난 80년은 도쿄에서 독일 ARD 특파원으로 활동했을 때였다. 한국의 계엄령 소식을 듣고 서울로 왔고, 곧바로 광주로 달렸다. 도로가 차단되어 우여곡절 끝에 다다른 광주는 참혹함 그 자체였다. 그는 광주항쟁의 참상을 전 세계에 알렸는데, 80년 5월 22일 독일 제1공영방송(ARD) 8시 뉴스를 통해 최초로 방송되었고, 연이어 '기로에 선 한국'이라는 특집물로도 방송되었다. 한국에서는 6년이 흐른 86년에 이르러서야 그가 만든 다큐멘터리가 지하세계(?)를 통해 알려지게 되었다. 한 줄로 결박당한 콘크리트 바닥 위의 시체들을 촬영했는데, 의학을 공부한 그는 "총상을 입은 젊은이들을 발견하고, 이는 의도적인 사살임을 확신한다."라고 말하기도 했다.

학교 다닐 때 유독 사진기를 좋아해서 의학공부보다는 촬영하는 걸 즐겼다는 그는, 한국 민주화에 새로운 지평을 여는 계기를 만들었다.

어느 신문에서 그는 "사진은 현실을 보여주는 것이다. 어디서 어떤 현실을 보여주는 것인가 하는 것이 관건이다."라고 말했다. 진실이 위험하고 현실이 두려울 수도 있지만, 진실이기 때문에 알려야 한다는 양심의 신호 탓이었다.

86년 광화문에서 시위현장을 찍다가 군인에게 폭행당한 후 나이가 들면서 그 부위의 통증이 심해졌다. 게다가 암까지 얻어 외부와 단절한 채, 지금 자신의 고향 독일 라츠부르그에서 쓸쓸하게 투병 중이다. 그의 한국사랑은 지대하다. 불고기의 미끈한 맛과 김치의 깊은 느낌을 아직도 잊지 못한다. 아름다운 가을 단풍이 드리운 한국의 산천도 그리워한다. 한국에 대한 지고지순한 사랑 탓일까? 최근 간병인도 한국 간호사 출신을 원한다고 모집광고를 낼 정도다.

문학이 어지러운 현실을 외면하고 순수를 가장하면 거짓이고, 역사가 기득권자들의 마음을 위로하는 데 그친다면 범죄이며, 언론이 중립이라면 보도자료를 받아 베껴 쓸 때만 가능하다고 누군가 말했다. 소신 있는 열정이 그립고, 삶 속에서 행동하는 이들이 더욱 존경스러운 요즘이다.

금산댁의 귀향

금산댁이 돌아가셨다. 금산댁이 있을 때는 못 느낀 쓸쓸함이 가슴 한 켠을 후벼 판다. 파독 1.5세(통상 한국에서 태어나 독일에 온 자녀) 숙희 씨는 자기 어머니를 '금산댁'이라고 가끔 놀려 부른다. 그날 어머니를 공항에 모셔다 드리며 눈이 벌게졌다. 어릴 적 배냇저고리를 입고 어머니를 환송하려 종종걸음쳤던 시골 고향이 떠올랐다. 이제 상황은 바뀌었다. 숙희 씨는 독일에 남았고, 어머니가 한국으로 돌아가신 것이다.

어머니는 고왔다. 어린 날 산비탈에 흐드러지게 핀 개망초를 꺾어 어머니의 머리에 꽂아 드렸다. 어머니는 화답이라도 하듯 여릿한 풀잎 사이 피어 있는 토끼풀꽃, 자운영꽃으로 시계를 만들어주었다. 어머니와의 좋은 추억을 이야기하라면 그 생각만 난다. 그 곱던 어머니가 이젠 허연 머리에 굽어진 허리의 노파가 되었다. 어머니는 잠시나마 딸의 촉

촉한 눈시울을 눈으로 훔치면서 이내 개찰구 안으로 사라졌다. 갑자기 어머니의 발걸음이 밝아졌다. 허리도 꼿꼿해졌다. 등 뒤에서 깊은 상념에 젖은 딸은 안중에도 없다. 환영처럼 잠깐 스쳐간 어머니는 딱 어린 날의 그녀였다.

어머니는 70년 파독된 간호사다. 다른 간호사들은 미혼에다 나이도 어렸지만, 어머니는 그 시대엔 세월의 중턱을 넘어선 불혹의 나이였다.

5남매의 자식들을 홀로 먹여 살리기 힘들어 독일행을 택했다. 숙희 씨는 자신을 떠나는 어머니가 야속했다. 돈 벌러 가야 한다지만 그날따라 곱게 단장한 어머니가 바람난 여자처럼 경망스럽기까지 했다. 생각을 더 듬어보면, 분명히 어머니는 어느 날 갑자기 짐을 꾸리기 시작했다. 그리고 냉정하게 떠났다. 곁에 서 있던 외할머니만 눈물비를 뿌려댔다.

"엄마, 금방 갔다 올게. 동생들 잘 돌봐줘야 한다. 그래야 엄마가 돈 많이 벌어와서 너희들 공부시키지."

어머니는 그렇게 숙희 씨에게 집채만 한 부담감을 어깨에 덜어주고 떠났다.

마당을 나선 어머니는 이내 잰걸음으로 떠났다. 어머니의 눈에 얼핏 스치는 물방울이 이슬처럼 반짝였다.

금방 갔다 온다던 어머니는 몇 년이 흘러도 돌아오지 않았다. 진눈깨비가 대지를 적실 무렵, 어머니는 넓은 챙이 달린 멋쟁이 모자를 쓰고와 사식들을 독일로 데려갔다. 계절에 맞지 않는 어머니의 모자가 그땐 이국적으로 느껴졌다. 처음 도착한 곳은 하노버였고, 숙희 씨 나이 열다섯이었다.

문화적 충격이니, 적응이니 안중에도 없었다. 어머니와 함께한다는 위안이면 그걸로 충분했다. 게다가 고향이 느껴지는 저지대의 넓은 평야, '초록도시'라는 별칭까지 안겨준 아름드리나무 군락과 이름 모를 풀들의 향연이 좋았다.

의식의 시간은 빠른 속도로 숙희 씨를 재촉했다. 독일에 온 후 시간의 연속에서 탈출하기 시작했다. 고요한 한가로움이랄까? 그 한가로움이 숙희 씨는 맘에 들었다.

한인 간호사들 사이에서 금산댁은 '큰 언니'로 통했다. 된장이며 고추장 만드는 법을 고향 생각에 푹 절어 있는 과년한 처녀들에게 알려주었다. 고향 음식에 갈증 난 처녀들은 금산댁을 엄마처럼 따랐다. 한인 간호사 중 나이가 많았기에 금산댁에게 어깨를 기대고 싶어했다. 하지만, 금산댁은 정작 기댈 수 있는 사람이 없었다. 원래 조용하고 내성적인 그는 친구가 없었다. 독일어도 금산댁에겐 도무지 씹히지 않은 모래알 밥이나 마찬가지였다. 스무 살이나 어린 한인 간호사들에 비해 습득하는 속도가 느렸다. 그야말로 병원 언어도 실무를 위한 생존 언어였다. 집과 병원만 오갔고, 주말이면 다른 도시의 병원에 출근하곤 했다. 순전히 한 푼이라도 더 벌려는 마음에서였다. 그때마다 어린 동생들은 언제나 숙희 씨의 몫이었다. 어머니와는 정이 없었다. 어머니는 집에 돌아오면 언제나 말이 없었고 지쳐 보였다. 그저 돈을 벌기 위해 잠시 거쳐 가는 장돌뱅이처럼 어머니의 이국생활은 그렇게 바쁘고 초조했다. 3교대 근무로 밤에 돌아오는 날이면 고된 한숨 소리가 들렸고, 가끔 훌쩍거리는 뒷모습을 볼 수 있었다.

어머니는 30년 이상을 독일에 살면서도 그 땅에 안착하지 않았다. 언젠가는 고국으로 돌아가고 싶다는 꿈을 포기하지 않았다.

"너희들의 교육을 위해 이곳으로 부르긴 했다만, 난 때가 되면 한국으로 가련다."

어머니는 늘 입버릇처럼 그렇게 말했다. 정년퇴직을 하고 나서는 손주들을 키워보려고 했지만, 독일말을 하는 손주들과 소통이 힘들었다. 그렇게 어머니는 처절하게 늙어갔다.

약속을 지키듯 한국으로 돌아간 금산댁이 한 달 전 독일을 방문했다. 딱 5년 만이다. 무에 그리도 한이 많은지 35년을 산 독일을 미련 없이 떠났을까? 금산댁은 한국의 삶이 흥분될 정도로 바쁘다고 했다. 그리고 행복하다 했다. 숙희 씨는 밤새 어머니와 못다 한 이야기를 나눴다.

"독일에 살 때 말이지. 어떤 코쟁이 녀석이 애 다섯 딸린 나랑 살자는 거야. 니도 결혼했으니까 하는 말인데. 왜 밤이 외롭지 않겠어?"

"아니, 엄만 그 코쟁이랑 살지 그랬어. 그럼 나도 새 아버지 생겨 좋잖어."

"야, 말도 말아라. 난 코쟁이에다 퍼런 눈의 사내들이 사람으로 안보이더라. 하하!"

　숙희 씨는 내밀한 이야기까지 어머니와 이야기 나눌 수 있는 지금의
나이가 좋다고 했다. 자신의 인생을 통틀어 어머니의 이런 생기 있는 모
습은 처음이라고, 어머니를 사랑하고 다시 받아준 고국을 격찬했다. 어
머니는 자신의 잃어버린 중년을 거슬러 한국에서 찾고 있다. 어머니를
뵙기 위해 가끔 한국을 방문하는 1.5세 숙희 씨의 중년도 행복해 보인다.

잃어버린 기억 세우기

"엄마, 우리 집에서 울트라 캡숑 오래된 물건이 뭐죠?"

"뭐? 울트라 캡숑? 샹송이 아니고?"

"아니, 정말 오래된 거 말이에요!"

저녁 밥숟가락을 뜨다 말고 뜬금없이 큰딸 주니가 묻는다. 김나지움 6학년인 딸은 요즘 학교생활 재미가 쏠쏠하다. 그 어렵다는 라틴 어를 배우고도 '엔티크' 해서 맘에 든다고 너스레다.

"오래된 물건? 근데 그건 어디다 쓰려고?"

역사 시간에 선생님께서 반 전체 아이들에게 집에서 가장 오래된 물건을 가져와서 설명하는 시간을 갖는다고 했단다. 가만, 우리 집에서 무엇이 가장 오래되었을꼬? 5년 전 한국 떠나오면서 어지간한 물건들은 다 처분하고 온 터였다. 장롱을 뒤지고 보석함을 뒤적거리다 십 여년 전 시어머니가 돌아가시면서 남겨주신 낡은 반지가 생각났다. 제법 녹도 슬고 오래된 느낌이 들었다. 시어머니가 시집 왔을 때 처음 꼈던 반지라고 하니 50년 정도는 된 셈이다.

다음날 학교 수업 후 집으로 돌아온 아이는 그날 역사 시간에 대해 장황하게 이야기를 늘어놓았다.

"엄마, 역사 시간이 얼마나 재미있었는지 몰라요. 친구들이 가져온 물건 중에 정말 오래된 것들이 많아요."

아이들이 가져온 물건들 유래를 들어보니 진귀한 게 많았다. 그중에는 1800년 무렵 독일의 대문호 괴테가 직접 쓴 친필서신, 물고기 문양이 새겨진 오래된 화석, 1868년 산 루터 성경, 400년이 넘은 보물섬 지도 등. 그 오랜 세월 동안 이 녀석들이 박물관으로 직행하지 않고 가정에서 보존되었다는 게 신기할 따름이다. 게다가 진품명품을 따지기에 앞서, 조상의 귀중한 유산을 한낱 어린아이의 손에 들려 학교 수업시간에 참예하게 하는 것도 주목할 부분이다. 그중 유독 내 심장을 은밀하게 건드린 물건은 꽤 지저분했다는 밀가루 자루다. 동·서독 분단 시절, 부유한 서독에서 헬기를 타고 밀가루가 담긴 자루를 빈곤한 동독지역 경계지역 상공에 떨어뜨려 놓곤 했다 한다. 그때 먹을 게 없었던 할머니는 밀가루 자루로 목숨을 부지할 수 있었다고 한다. 통일 후에도 그때의 어려웠던 상황을 잊지 않고자 동독 할머니는 그 자루를 소중하게 간직하고 있었다.

허름한 자루에는 아직도 밀가루가 담긴 백색의 흔적이 남아 있어 마치 인간의 영혼을 태워버린, 전쟁이 남긴 재(災)일 거라는 몽상을 했다.

할머니는 그 자루를 보며 그 낙망의 세월을 어루만지고 또 잃어버린 기억과 조우하곤 했었나 보다. 반 아이들은 집에서 가져온 오래된 물건들의 역사를 설명하며 자신의 가족들에게 어떤 의미를 주는지 이야기를 나누었다고 한다.

딸은 수업시간의 경험이 '낯선 행복'이었다고 고백했다. 딸아이가 태어나기도 전에 돌아가신 시어머니의 유품인 반지도 아이에겐 제법 생경한 체험이었을 게다. 수업시간에 아이가 즐겼을 낯선 행복의 조각들이 나에게 고스란히 전달되었다. 나른한 일상 속에서 잊혀졌던, 그리고 잠시 잃어버린 것만 같은 기억이 찾아왔다. 돌아가신 시어머니의 편안한 웃음까지 기억이 났다. 코 언저리에 걸쳐진 검은 테 안경의, 꼭 독일 역사선생님이어야 할 것 같이 엔티크 한 역사선생님 아이나흐 씨의 코믹한 제스처도 오버랩된다.

역사는 오직 책에만 기록될 것이라는 선입견을 벗어나 바람과 허공, 그리고 심장 가운데 내려앉는 것을 아이는 수업시간을 통해 체감한다. 딸아이는 과거와 미래를 잇는 가교역할을 한다는 생각에 마냥 들떠 있다. 사람은 누구나 역사의 언덕에 서 있다.

초콜릿 단상

세상은 상반된 딜레마가 공존한다. 경계선이 모호해지는 경우도 있다. 교활함과 영리함, 열정과 집착, 당당함과 오만함, 동정과 연민. 삐걱거리는 경계선을 잘못 헛디디면 색다른 길로 들어선다. 공해 더미를 질식하듯 빠져 있던 도시여자가 자연이 뿜어내는 초록의 운무를 접하자 황홀경에 빠지는 것도 잠시, 여름은 연약한 미물 '체케'에게 강탈당한다.

독일에서 첫 여름을 맞자마자 체케(Zecke)라는 벌레를 조심하라는 조언을 들었다. 숲길을 지나다 보면, 움직이는 동물 위로 여지없이 고공낙하를 자행하는 깨알점 같은 '체케'라는 벌레를 만날 수 있다. 일단 허연 살점을 점령당하면 이내 살찐 드라큐라로 변한 녀석에게 평온했던 삶까지 잠식당하게 된다. 인간의 표피에 안착한 벌레는 점점 영역을 확대해 진피로 진입, 결국 뼈에게까지 뾰족한 이빨로 수혈을 요구한다.

며칠 전에 피검사 예약이 잡혀 있어서 병원에 갔다. 독일에서 으레 그렇듯 30분은 족히 기다릴 준비를 하고 앉았다. 벽 곳곳엔 질병에 관한 정보들이 즐비했다. 그중 눈에 띄는 문구가 있었다.

체케에 물리면 오랫동안 고생할 수 있지만, 체케 예방주사는 단 1초밖에 걸리지 않는다.

그 문구를 보자 길가 창문을 가진 친구가 갑자기 생각났다. 독일 땅, 그것도 소독약 냄새 나는 병원에서 죽마고우를 기억한다는 것, 이 얼마나 광속도의 ㅇ지랖인가!

병원 벽에 쓰인 문구가 아이러니하게도 **"이별의 순간은 잠깐이지만, 그 상처의 흔적은 오래다."**라는 말로 마치 번안된 노래처럼 내 귀에 쟁쟁거렸다.

여중 3학년, 우리 반 전체 여학생 60명 중 4명 정도는 고등학교에 진학하지 못하고 부산으로, 서울로 일을 하기 위해 떠났다. 그때까지만 해도 집안의 노동력이었던 아이들은 '생생한 체험 삶의 현장'으로 내몰렸다. 주로 가는 곳은 봉제공장이나 기계 생산업체였다. 그때 부반장이었던 난, 용돈을 털어 대형버스에 올라탄 친구들의 손에 'K 초콜릿'을 안겨주었다. 소녀들을 실은 버스는 매몰차게 우리 곁을 떠났다. 나중에 그들에게서 온 편지에는 내가 준 초콜릿에 대한 고마움이 쓰여 있었다.

'네가 안겨준 K 초콜릿의 달콤한 추억을 잊지 못하겠노라고.'

남자 품에 수줍은 듯 얼굴을 감추며 초콜릿을 꺼내는 탤런트 채시라 씨의 청순한 미소가, 스쳐가는 광고의 홍수 속에서 유독 기억의 파편으로 날아온다. 그때의 초콜릿은 남녀 간의 사랑뿐만 아니라 순수성, 그리고 이국적인 면모를 지닌 먹을거리였다. 독일에선 가장 흔한 주전부리인 초콜릿을 보면, 가끔 그때의 K 초콜릿의 잔상이 스멀거린다.

그녀들 중 한 명은 구로공단으로 갔다. 그녀의 집은 길가 집이었다. 스무 살 무렵, 창문 사이로 여린 불빛이 새어나오는 그녀의 자취방에 가본 적이 있다.

키가 크고 멀건 얼굴을 한, 내 또래 비스무레한 남자가 친구의 창문 불빛에 기대고 있었다. 그 당시의 우리 세대는 상반된 딜레마에서 허덕거렸다. 지극히 현실적이지만 비현실적이었고, 연약했지만 강인했으며, 이념에 불응하면서도 순응했고, 사랑에 목마르면서도 냉정했다. 친구는 희멀건 서울총각을 사랑했다. 하지만, 군대에 면회를 간 친구는 마지막으로 초콜릿을 건네며 군부대를 나올 때는 하이힐을 거꾸로 신었다. 일명 대학생과 공순이와의 사랑. 그 당시 연속극 드라마에 심심찮은 테마였다. 그들은 사랑을 탐구하다가 열정의 끝엔 지극히 냉정했다.

"환상 같은 게 있었나 봐. 드라마 속의 가슴 아픈 사랑의 결말을 기대했었겠지. 한 마디로 예고된 이별이지. 이별의 이유? 그 녀석 호주머니에 넣어준 초콜릿을 나중에 나눠 먹자며 꺼내주는데 체온 때문에 초콜릿의 모양이 질퍽해졌더라고. 난 그게 싫어. 단단하고 매끈해야 하거든."

누가 먼저고, 나중도 아닌 듯이 그렇게 그들은 아무렇지도 않게 이별의 순간을 맞이한 것처럼 보였다.

하지만 친구는 내가 알기로 꽤 긴 세월을 힘들어했다. 이별의 순간은 잠깐이지만, 그 상처의 흔적은 오래인 것처럼 생채기에 신음했다.

베를린에는 250년이 넘은 초콜릿 가게가 있다. 카카오 순도 100%에 가까운 재료로 예술적 솜씨까지 가미해 여행자의 눈과 입을 매료시키는 곳이다. 1층에서는 베를린의 유명 건물모형을 본뜬 초콜릿을 감상하고, 맘에 맞는 초콜릿을 사고, 2층에 마련된 향이 가득한 초콜릿 카페에 올라 '2층의 시선'으로 창밖 풍경을 감상하면 된다. 초콜릿 여행 패키지라면 이런 순서로 진행될 것이다. 건물 모형 초콜릿 중 눈에 띄는 것은 초콜릿 중앙에 작은 분수대 모양을 설치해 초콜릿이 아래로 흘러내려, 마치 화산이 폭발해 용암이 흘러내리는 모습을 연상케 하는 작품이다. 질퍽하게 흘러내리는 액상의 초콜릿을 보며, 얼른 혀를 쑥 내밀어 훔치고 싶은 욕망을 느낀다. 친구도 그랬을 것이다. 남자친구의 호주머니에서 나온 거무스레한 초콜릿의 휘늘어진 모습을 보고 얼른 입 안으로 밀어 넣고 싶은 충동을 느꼈을 것이다. 하지만, 그러지 못한 것은 비현실적이지만, 현실적인 사고와 규범의 틀에 사로잡혀 있기 때문이다.

독일인들은 초콜릿을 많이 먹는다. 부활절이나 크리스마스 때는 초콜릿의 소비가 일반 식료품비를 앞지를 정도다. 왜 그럴까 생각해보니 기압 때문이다. 달짝지근한 초콜릿을 먹어주어야 몸의 활성 에너지가 증폭되는 효과다. 일상에 고된 이들이 진한 초콜릿 하나를 입에 물면 금방 화기가 돈다. 마약과 같은 초콜릿의 매력이다.

일을 하는 자만이 빵을 얻고, 고뇌에 잠겼던 자만이 평온을 찾고, 지하 세계로 내려가는 자만이 사랑하는 이를 구한다는 키에르케고르의 말을 초콜릿에 빗대면, 초콜릿의 진가는 우울한 자들이 먹었을 때 발휘된다.

이곳 베를린 초콜릿 가게의 초콜릿 맛은 처음엔 쓸쓸하다가도 깊은맛을 느끼게 한다. 마음이 아래로 곤두박질 칠 때 가끔 이곳을 찾아 질퍽한 초콜릿을 감상하고, 스틱 모양의 초콜릿을 입에 담그면 시름 섞인 일상이 노곤해진다. 초콜릿을 먹는 행위는 우울한 일상을 향한 조용한 선언이다.

삶은 언제나 초콜릿 같은 비상구가 있다. 가능성과 실재 사이가 멀지 않은 것처럼, 상반된 딜레마가 존재할 때 혜성같이 나타난다.

"초콜릿을 먹는 순간도 잠깐이고, 우울의 여운도 길지 않다."

무더운 여름철, 알렉산더 광장 한켠에 초콜릿 한 조각으로 입술을 마주한 연인이 보인다. 열풍이 불어오는 뜨거운 광장에서 달콤한 초콜릿을 매개체로, 끈끈하면서도 휴식 같은 사랑을 하는 연인이다. 그들도 지금 우울한 걸까?

언어(言語)와 숭어의 관계

한국인 친구가 다운받아 준 『옥탑방 왕세자』를 재미있게 보았다. 갑자기 21세기로 환생한 왕세자가 돈이 없었다. 배가 고파 길가 편의점에 들어가 컵라면을 가리키며 "내, 나중에 후한 값을 쳐 주겠다."고 하자, 점원이 '헐'이라고 말하는 대목이 있다. 그러자 왕세자는 '아니, 헐값이 아니라 후한 값'이라고 하자, 점원이 어이없다는 듯이 '대박이다.'라고 대꾸한다. 점원이 하는 그 짧은 말에는, 웃기고 가당치도 않다는 의미가 담겨 있다. 하지만, 조선에서 온 고매하신 왕세자가 그걸 이해할 턱이 없다.

얼마 전 이 층 버스를 타고 가던 중이었다. 시력은 낮지만, 시야의 오지랖이 넓은 나의 눈에 내 뇌가 재빨리 신호를 보냈다. 가장 좋은 빈자리였다. 그럴 때는 원더우먼처럼 잽싸게 날아 내 입지를 굳히는 게 이 여자가 살아남는 법. 사뿐히 지르밟고 앉았다. 잠시 후 다음 정류장에서 예쁘장한 동양인 아가씨가 올라탔다.

그녀는 손전화를 들고 있었다.

"아~아!"

"어?"

"어~어!"

한국인 유학생 같았다. 그녀의 표정과 꽉 다문 입술로 보아 진중한 대화가 오가는 것 같았다. 정보기관에서 나온 여성전사 같았다. 비무장지대를 지키는 최전선 군인의 암호같이 아리송한, 주변 사람은 알 수 없는 무선 햄 조종사 같았다. 온통 대사가 '어'라는 단어로 함축되었다.

다음 대사는 무엇일까? 궁금증이 목을 차올랐다.

그녀는 이렇게 말했다.

"헐……!"

"허걱……!"

그리고는……,

"어~엉."

뚝!

그녀의 말은 시쳇말로 하의 실종 속에 가려진 짧은 핫팬츠보다 더 아쉽고 짧았다.

'나랏 말쌈이 듕귁에 달아'를 천천히 읊으시며 경복궁 정원을 거닐던 세종대왕이 듣는다면, 이 엄청난 언어의 단거리성에 화들짝 놀라실 게다. 그 짧은 말이라도 소통이 된다는 것에 위안을 삼아야 할까?

이곳에 사시는 파독 1세대들 분들이 하는 말이, 한국에 가면 도통 말을 잘 알아들을 수 없다는 거다. 어떤 분이 한국에 있는 친지의 집에 간 적이 있었다. 중학생이 된 조카 손자에게 "변소가 어딨니?"라고 했더니 막 웃더란다. '변소'라는 용어는 이제 사문화된 언어가 된 것이다. 게다가 속어와 은어의 남발과 빠른 언어의 진화 속에 소통이 더더욱 힘들다고 토로했다. 40년을 독일에서 살다 보니 60~70년대식 언어에 그쳤다는 것이다. 그렇다고 40년 이상을 살아 적응이 되었을 독일말도 마찬가지다.

처음 독일에 왔을 때 가장 힘들었던 것은 다름 아닌 언어였다. 닭을 사러 갈 때 닭 울음을 내며 날개를 펴서 날아가는 흉내를 냈는가 하면, 독일인 성에 '뮐러 씨'가 많아 뮐러 씨라고 붙인 병실 환우에게 야도 헛갈리게 준 적도 있다고 고백하는 간호사들도 있다.

독일인들은 언어를 못하면 다소 무시하는 경향이 있다. 외국인이면 어눌한 게 당연함에도 말이다. 게다가 언어를 어느 정도 한다고 해도 문화적인 격차로 소통의 어려움이 있기 마련이다.

파독 간호사인 박 씨가 처음 독일병원에서 일할 때 상사가 나이 드신 분이었다. 그는 나름의 방식으로 박 씨를 가르치려고 했고, 표현방법도 나치독일의 게슈타포 같았다. 마늘냄새가 난다고 얼굴을 찌푸리고, 박 씨에 대해 모욕적인 말도 서슴지 않았다. 박 씨는 억울했지만, 자신의 힘든 부분을 솔직하게 털어놓지 못했고 인내를 최선으로만 알았다. 그들은 직설적으로 표현하기 때문에 뒤끝이 없다고도 하지만, 한국인들의 정서에는 맞지 않았다. 10년을 그렇게 당하고 살았다. 하지만, 짐차 언어가 늘고, 그들에게 당당하게 말하는 훈련을 쌓으면서 항변도 하고, 솔직하게 다가서니 소통도 나아졌다.

박 씨는 나이 삼십이 넘어 부모님의 주선 하에 한국에서 맞선을 보고 남편을 독일로 데려왔다. 남편은 자신의 어머니와 같은 순종적인 여인을 원했다. 박 씨는 이미 합리적인 독일문화에 적응하고 있었기에 신혼 시절 남편과 치열하게 싸웠다.

박 씨는 자신이 들은 청어(靑魚)에 대한 이야기를 하면서 자신이 독일인들과의 언어적 소통을 이겨내기 위해 얼마나 노력했는지 강조했다.

독일인들은 빵에 청어(靑魚)를 끼워 먹곤 한다. 모든 생선이 그렇듯 청어 또한 생선의 신선도에 따라 전혀 다른 값을 받는다. 가장 저렴하게 팔리는 청어는 냉동차에 운반돼온 것들이다. 두 번째는 물탱크에 넣어져, 계속 먹이를 받아 먹어가며 수송된 것들이다. 그런데 항상 신선한 활어를 제공해 돈을 번 상인이 있었다. 비결을 묻자 상인은 이렇게 대답했다.

"물탱크에 청어를 넣어서 오는 것은 같아요. 그러나 청어들 틈에 커다란 '숭어' 몇 마리를 넣어둡니다. 숭어가, 성질 급한 청어를 잡아먹으려고 입을 쩍 벌리면, 청어들은 필사적으로 도망을 갑니다. 바짝 긴장한 청어들은 해당 지역에 도착할 때까지 싱싱한 상태 그대로 살아 있습니다."

박 씨는 청어와 숭어의 관계를 이야기하며, 적당한 긴장은 인생의 활기를 준다고 말했다. 자신을 괴롭힌 사람, 즉 상사 간호사를 적이 아닌 '숭어'로 생각하니까, 그게 바로 독일어를 배우는 데 적절한 모티브가 되더라는 것이다.

그녀는 독일어를 잘하기 위해 근무하는 동안 주머니에 독일어 사전을 가지고 다니면서 외우기도 했다. 간호사와 광부들 대부분이 그랬을 것이라고 말한다.

자신의 고난을 긍정적으로 바라보는 것은 문제를 통한 전화위복의 결과를 가져오기도 한다. 숭어를 무섭게만 생각해 자포자기했다면 또 다른 상처를 낳았을 것이다. 내 인생의 숭어는 무엇일까 생각해본다. 차라리 용기를 내 숭어를 잡아먹으면 어떨까, 얄궂은 생각도 하면서 말이다.

Part 2

고독보다 소통을

그녀의 리더성은 소통에 있다

그녀를 떠올리면 사무엘 헌팅턴의 말과 오버랩된다.

가까운 미래에는 보편적인 문명은 더 이상 존재하지 않게 될 것이다. 그 대신 다른 문명들로 이루어진 하나의 세계가 이룩될 것이다. 그리고 그들 문명은 각기 서로가 함께 공존하는 법을 배워야만 할 것이다.

그녀는 함께 살아가는 공존의 의미를 강조한다. 이해가 채 되지 않을 때는 심드렁했다. 하지만, 그녀와 대화를 나눈 후 그게 앞으로 우리가 살아가야 할 명제라고 느껴졌다.

독일에는 이민족의 마지막을 돕는 단체가 있다. '동행 이종문화 간의 호스피스'다. 이 단체를 이끄는 한인 여성대표 또한 간호사 출신이다. 사생아로 태어나 불우한 어린 시절을 보낸 그는 외할머니 손에서 자랐다.

열여섯에 그나마 함께했던 외할머니는 3개월의 지극한 간호에도 불구하고 세상과 이별을 고했다. 그녀의 죽음에 대한 깊은 사색은 이때부터 비롯되지 않았나 싶다. 자신의 노년과 죽음을 생각하다 보니 나이 들어 함께 해줄 '도우미 서비스'와 '호스피스', '사별동행' 등을 떠올리게 되었다.

스물두 살에 독일에 오게 되면서 간호사 생활과 공부를 병행한 그는 결혼과 이혼이라는 격랑 속에서 자신을 포기하지 않았다. 그녀의 피에는 보통 사람보다 활동적 유전자가 더 많이 존재하는 것처럼 보였다. 언제나 진취적이고 긍정적이다.

몇 년 전 암 진단을 받은 후 항암제 치료 속에서도 희망의 밧줄을 놓지 않았다. 특히, 독일은 항암투여 약이 유럽의 체형에 맞추어져 있기 때문에 체력적으로 약한 동양인들은 버티기 힘든 고역의 순간이다. 손톱이 빠지고, 몸을 가누지 못할 정도의 상태에서 그녀는 죽음을 경험했다. 병원에서 보내주는 요양소에서 4주간을 자신의 지나온 삶과 죽음에 대해 깊이 고민했다. 하지만, 그는 절망과 슬픔보다는 희망과 기쁨을 택했다.

그녀는 지금 건강한 이보다 더욱 삶을 사랑하며 일하고 있다. 누구나 살다가 죽는 것은 인지상정이고, 어느 누군가 조금 일찍 가는 것뿐이라고 말한다. 그러기에 죽음을 터부시하지 않는다. 그녀의 삶을 노크해보고 싶었다. 현학적 언어가 부표처럼 떠도는 요즘, 그의 언어는 솔직하고 간결하다.

* **지나왔던 이국생활이 쉽지 않았을 것 같다. 가장 힘들었던 순간이 있다면**

시작이 가장 힘들었지 않았나 생각한다. 1972년, 처음 발을 들여놓았을 때의 문화적 충격은 글쎄, 이곳에 오신 1세대 분들이 공감하는 이질적 문화, 음식, 언어 등이었다. 3년 정도 지나니 좀 나아졌다. 간호사로 일할 때였다. 독일 간호사 중에 괴롭히는 이가 있었다. 독일 말을 잘하게 되면 혼내주겠다고 작심하고 독일어 공부를 했다. 독일어로 따질 정도 되니까 정작 그 사람은 다른 곳으로 가버렸다. 인생이 다 그런 거 아니겠는가. 하하!

* **그럼 행복했던 순간은**

독일에서는 내가 원하면 뭐든 가능성이 있다는 게 좋았다. 더 좋았던 것은 나의 사생활을 일절 물어보지 않은 게 좋았다. 내가 한국에서 어떤 가정에서 태어났는지, 무얼 했는지 궁금해하지 않았다. 현재의 모습만 보고 있었다. 한 인간으로서 존중받는 느낌이랄까, 무언가 개척할 수 있다는 가능성이랄까? 난 독일에서 희망의 씨앗을 보았다.

* **간호사로 꽤 오랜 시간을 일했다. 원했던 직업인지**

사실 독일에서 간호학교에 다니고 간호사로 일한 것은, 이곳에서 살기 위한 일종의 생존수단이었다. 원래 미술공부나 예술 계통의 공부를 하고 싶었다. 하지만, 막상 간호사로 일한 후에는 보람이랄까, 전혀 후회가 없었다. 나에게 호스피스를 시키기 위한 하나님의 나름대로 물밑작업이 아닐까 생각된다. 절반은 나의 의지지만, 절반은 무언의 이끌림이었다.

* 간호사와 호스피스는 엄연히 다르다. 호스피스 일을 하게 된 계기는

디아코니세(그리스도교 신앙에 의한 사회봉사에 평생을 바치는 미혼의 여자봉사자) 안수를 받은 후엔 신학공부를 하고 싶었다. 신앙에 대한 무조건적 맹종이 아닌, 진정한 믿음을 갈구했다. 그러다 보니 꿈이 닿아 베를린 훔볼트 대학에서 신학을 공부하게 되었다. 독일 정식목사가 되어 2세들과 여성들을 위해 일하고 싶었다. 하지만, 목사가 될 수 없다는 것을 실감하고, 많이 방황했다. 그러던 중 친구의 소개로 호스피스 강사로 일해 보겠느냐는 제안을 받게 된다. 나도 언젠가는 죽을 텐데 어디서 죽을 것인가? 나 자신뿐만 아니라 많은 이민자들의 자문일 게다. 나 또한 한국으로 돌아가겠다는 생각은 물론 하지 않았지만, 이곳에서 죽는다는 생각 또한 안 했다. 너무 젊어서였나. 결국, 나 같은 생각을 하는 이민자들의 마지막을 함께 해야 한다는 내면의 갈증이 일었다. 그래서 사비를 털어 일을 냈다.

* 한국인 호스피스 환우 중에 기억나는 이가 있는지

평생을 다른 사람과 소통하지 못해서 외롭게 죽는 경우를 보았다. 정작 마지막에 누군가와 화해하고 싶은데, 혼자 죽어야 하는 경우다. 뒤돌아보면 이미 늦다. 나이 들면 약점이 강화되기 마련이다. 예를 들면, 돈에 사로잡힌 이는 나이 들면 돈에 대한 욕망이 더 크게 발현하는 것처럼 말이다. 나이 들수록 마음을 내려놓고 버리는 훈련이 필요하다.

"나는 아직 시간이 있어."라는 것처럼 오만한 말이 있을까? 지금 정기적으로 하고 있는 '대화의 기술' 세미나가 바로 이런 훈련을 하자는 데 기인한다.

* 꼭 만나고 싶은 사람이 있는지

30년 전 독일에서 시무하셨던 장 목사님이다. 얼마 전까지 캐나다에서 사셨는데 많이 편찮으시다고 들었다. 지금쯤 이 세상에 계시지 않을 수도 있다. 교회 목사해임 관련 논의 때 가슴 아프게 해 드렸던 기억이 있다. 지금 생각하면 무인가 문제가 있었을 때, 다른 부분으로 해결할 방법이 있었을 텐데, 후회가 된다. 그것 역시 대화의 단절 아니겠는가.

* 점점 젊은 세대들의 유입이 늘어간다. 2세나 차세대들에게 특별한 애정이 있으신 것 같다.

고통을 통해서 인간은 성장한다. 고대 페르시아 왕의 반지에 '이것 또한 지나가리라'라는 글귀가 새겨져 있다. 슬픔이 거센 파도처럼 몰려와 마음의 평화를 침몰할 때, 이 문구를 기억하곤 한다. 젊은 세대들이 도움을 원하는 일들도 부쩍 늘어나는 추세다. 동행 호스피스의 역할이 점점 중요해지고 있다. 기성세대로서 그들과 호흡하고 등을 이루만져주고 싶다. 차세대와의 소통은 우리 사회가 희망을 꽃 피울 수 있는 모토가 될 것이다.

* 좌우명이나 철학이 있다면

사랑할 때 집착하지 않고, 매달리지 않는다. 동행 호스피스를 잉태한 창립자,라고 해서 내 소유는 아니다. 늘 버릴 수 있는 자세를 견지한다. 변화시킬 수 없을 때는 내려놓는다. 어릴 때부터 힘든 환경에서 자랐기에, 좋은 것만 취하는 인생의 편식에 길들여지지 않았다. 그것은 내 인생 양질의 거름이 되었다.

독일에 온 후에는 잘못된 상황을 좋은 경험으로 승화할 수 있는 인성교육을 받았다. 나에겐 오기도 있고, 엉뚱한 구석도 많았는데 시간이 흐르면서 다듬어지더라. 앞으로도 변하겠지. '난 이 정도로 충분해.'라는 말은 얼마나 얄량한 언어인가. 인간의 인격은 끊임없이 진화한다. 죽을 때까지 변해야 하는 것이다. 뭔가 이뤘다고 해서 대단한 것으로 착각하면 이미 정지된 것이다. 정지된 것은 썩는다.

*** 일이 아닌 개인적인 소망을 말해 달라**

글쎄, 일적으로든 개인적으로든 지금 추진하는 복지관이 건립되면 좋겠다. 내 나이 벌써 62세다. 이제는 삶을 마무리하는 단계라고 생각한다. 내 인생의 시간표가 얼마나 더 주어질지 모르지만 다른 사람을 위해 진정성을 가지고 도와줄 수 있고, 덕이 있는 사람이 되고 싶다. 인간은 극한을 가야 자기를 발견하는 것일까. 2009년 암 발견 후, 많은 것을 생각했다. 요즘은 몸이 하는 언어에 신경을 더 쓰긴 한다. 순간순간 하고 싶은 표현을 하려고 한다. 예를 들면 사랑한다, 감사한다 등등.

그녀의 진정성은 이미 검증이 된 듯하다. 사람을 대하는 태도에서, 교육을 하는 모습에서 오랜 시간의 무게를 견디고 우뚝 선 느티나무처럼 바르고 늠름하다. 사람을 대할 때 계산하지 않고, 순수함과 진정성으로 자신을 숙성시켜 지금의 자리에 서 있다.

그녀에겐 넉넉한 웃음이 있다. 파독 1세대에겐 같은 과거를 걸어왔던 공감의 웃음으로, 젊은 세대에겐 고단한 청춘의 길을 걸어온 선배가 갖는 혜량의 웃음으로.

그래서 그녀를 만난 이들은 그녀의 길옆에서 늘 서성거리고 싶어진다. 그녀만의 리더성의 키워드는 소통에 있었다.

지금 행복을 느끼지 못하는 자에게

내가 그녀를 처음 만난 건 4년 전쯤일 게다. 거의 매일 우리 집 근처 역에서 그녀의 존재성을 직감할 수 있었다. 그녀를 느끼게 하는, 그리 유쾌하지 않은 냄새가 사람들의 발길과 시선을 피하게 했다. 젊었을 땐 곱상했을 것 같다. 독일 할머니들에게선 좀체 찾아보기 힘든(실제로 난 허리가 굽은 독일 할머니들을 그리 많이 보지 못했다.) 굽은 허리가 왠지 모르게 친근감이 들었었다. 혹시 백설공주에서 마녀로 둔갑한 빼어난 미모의 왕녀가 아닐까, 처음엔 동화 같은 상상을 했었다. 그녀는 구걸하는 노파다. 살을 에는 독일의 추운 바람은 그녀를 건물 안으로 옮겼다. 아침에 지하철 역을 통과하기 전 전방 50m 전부터 풍겨오는 그녀의 냄새가 익숙해질 무렵 갑자기 사라졌다. 오랜 시간이 그녀의 존재성을 길들였을까. 길바닥에 허리를 굽히고 쭈그리고 있는 할머니가 보이지 않았다. 다음날도 그 다음 날도…….

혹시 나이가 들어 기동이 불편해지신 걸까, 아니면 세상을 떠나신 설까. 까마득하게 잊혀가는 어느 날 불쑥 그녀가 내 눈앞에 나타났다. 거부할 수 없는 용기가 날 그녀 앞으로 밀어 제쳤다.

"할머니! 행복하세요?"

이는 분명 나의 내면에서 울리는 질문이었다. 그럼에도, 내 이성의 촉수는 '이런! 말도 되지 않는 시츄에이션인가' 하며 나의 무모함을 질책했다. 가끔 난 나의 이 어눌하고 대책 없는 질문에 경악하곤 한다.

그녀는 갑자기 흐흐 웃으면서 나에게 되물었다. 마치 오래전부터 본 사람처럼…….

"왜? 당신은 행복하우?"

그녀는 나의 뜻 모를 불안을 꿰뚫듯 눈길을 건넸다. 겉모습에 신경이 곤두서 있는 현대인들을 향한 도전 같은 질문이라고 생각되었다.

알랭드 보통이 쓴 책 '불안'은 현대인들의 뜻 모를 불안을 해부해 놓았다. 우리는 풍요의 시대에 살면서도, 누군가 풍요롭게 살고 있는지 물으면 '글쎄'라는 의뭉스러움으로 입안을 헹궈낸다.

실제적 궁핍은 급격하게 줄어들었지만, 역설적이게도 궁핍과 궁핍에 대한 공포는 사라지지 않았고 오히려 늘어나기까지 했다.

그럼 반대로 행복과 풍요는 무엇일까? 그것에 대해 그는 다시 말했다.

이 세상에서 부유한 사람은 상인이나 지주가 아니라, 밤에 별 밑에서 강렬한 경이감을 맛보거나 다른 사람의 고통을 해석하고 덜어줄 수 있는 사람이다.

얼마 전 독일에서 한인 유학생이 자신의 목숨을 던졌다. 항간에 자신이 바라던 것을 이루지 못한 상실감 때문이라는 이유가 팽배했다(사실 아직도 난 그의 자살 동기를 알지 못한다. 죽은 자는 말이 없기에).

어릴 때부터 한국에서 1등만을 유지했던 음악 신동은 세상이 그리도 힘들었던 것일까? 한인회 사무실에 차려진 빈소에서 고인의 사진을 보았다. 선하디선한 눈망울에 미소까지 띤 훈남 학생이었다. 난 그때 옆에서 슬픔에 빠져, 망연자실해 눈물도 흘리지 못하는 유학생 어머니의 힘없는 어깨를 곁눈질했다. 어머니에게 아들은 단 하나뿐인 삶의 이유였다. 무엇이 그로 하여금 살아간다는 것을 저버리게 했을까.

인간은 누구나 불안전한 개체다 보니 완벽을 향해 나가려는 욕망을 가진다. 뭔가를 향한 목적을 추구하게 되고 그것을 만족시키려고 하면 순간순간 뜻하지 않은 상실감도 맛보기 마련이다. 하지만, 인간은 누구나 정상에 오른다 해도 풍요로울 수 없는 무한정 욕망의 덩어리다. 행복도 마찬가지다. 추구하려고 하면 바람처럼 사라지리라.

무언가를 향한 구체적인 목적은 필요하지만, 지금 살아가면서 느끼는 행복은 자신이 찾아야 할 대상이다. 지금 살고 있는 것에서 행복을 느끼자. 행복은 태도의 문제다.

소설가 김동리 씨의 아내인 손소희 여사는 암 말기에 행복을 이렇게 말했다고 한다.

> 행복은, 마음껏 웃을 수 있고, 걸을 수 있고 마음껏 먹을 수 있고, 뛸 수 있는 것.

벼랑 끝에서 생의 고독을 맛본 순간이 가장 겸허한 시간이다. 암 말기 환우에게 '행복'을 물었을 때 나오는 대답이 인생에서 가장 진솔하고 진정성 있는 언어다. 결국, 우리가 살아가는 일상이 곧 행복이라는 점이다.

여행이 자유롭지 못했던 60년대 송 씨는 새로운 땅을 갈구했다. 그때만 해도 공무원도 해외출장을 가려면 대통령의 사인이 있어야만 갈 수 있을 정도로 외국은 낯설고 설렘의 땅이었다. 그녀는 새로운 세계를 꿈꿨다. 그 길은 독일이었다.

짐을 꾸릴 때만 해도 그녀는 꿈에 부풀었다. 친구들은 수십 대의 경쟁률을 뚫고 독일로 떠난 그녀를 부러워했고, 또 아쉬워했다. 프랑크푸르트 공항은 짙은 안갯속이었고, 그 흑빛 안개가 그녀에게 다가올 복선이라는 것을 미처 깨닫지 못했다. 그녀의 병동생활은 너무 힘들었다. 한국에서 부잣집 딸로 자란 그녀에게 독일은 가혹했다. 병원에서는 말 못하는 바보로 통했고, 걸레질과 청소 등은 불만의 요소였다. 눈치 빠른 간호사들은 비교적 일을 빨리 배웠지만, 그녀는 아니었다. 늘 한국을 그리워했고, 입버릇처럼 한국에 돌아가겠다고 했다. 주말이면 기숙사에 눌러앉아 온종일 울었고, 그것을 보다 못한 병원 관계자들은 정신병원에 입원시켰다.

그때를 회상한 동료 파독 간호사 A 씨의 말이다.

"아무 문제도 없는 사람이었는데, 말도 못하고 심하게 날뛰고 우니까, 독일 정신병원에 감금시켰어요. 그러니 본인이 정상이라고 생각한 이 씨가 가만있겠어요? 약을 주면 던져버리고, 그러니까 다시 묶어두고……. 악순환이 계속된 거죠."

이 씨는 그렇게 시름시름 1년을 앓았다. 물론, 한국 음식을 먹고 싶었지만, 독일 병원에서 그녀만을 위해 특식을 해줄 수는 없었다. 결국, 이 씨의 요구대로 한국으로 갈 날짜가 다가오기 일주일 전 어느 날, 그녀는 병실에서 소리없이 숨을 거뒀다. 동료 A 씨가 들려준, 지금은 고인이 된 이 씨의 이야기는 오랫동안 내 가슴을 친다.

독일에 온 대부분의 파독인들은 장녀, 장남이 많다. A 씨는 "외국에서 살면서 정신 줄을 놓으면 안 돼. 그때 대부분 맏언니는 한국에서도 '살림밑천'이라고 동생들 건사하고 힘들게 살았기에, 이곳 독일생활이 비록 어려웠지만 견딜 수 있었어. 오히려 홀가분하게 생각하고, 한국으로 돈을 보내는 기쁨으로 비교적 잘 적응했지."라고 덧붙였다.

먼저 산 이 씨의 잃어버린 40년이 서글프다. 지금 살아계신다면 한국이든 독일이든 자손들과 함께 행복한 일상을 보내고 있을지도 모른다.

쓸쓸한 정신병원 병실 하얀 시트 위에 새치름한 표정으로, 한국에 두고 온 목련을 추억하는 20대 꽃다운 누이를 기억해보자. 빈틈없는 시간표 사이로 창문이 보인다. 그녀가 보인다.

수다의 위력

한국에 사는 대학동창에게서 전화가 왔다. 나의 장거리 수다 파트너다. 그 친구와 수다를 떨 때면 불혹을 넘은 내 나이는 자취를 감춘다. 나이는 먹을 대로 먹었지만, 우리의 수다는 여전히 여대생의 재잘거림에 멈춰 있다.

대학 다닐 때는 뭐 그리 할 말이 많았는지 가끔 수업도 대리출석시키고 이야기하느라 바빴다. 세월이 흐른 후 난 서울에, 친구는 광주에서 살게 되었다. 우리에게 '아웃 오브 사이트, 아웃 오브 마인드'는 누군가 만들어놓은 괴변에 불과했다. 가끔 직장에서 밤늦도록 일명 회식 야근(?)을 하다가도 그 친구가 생각나면 다이얼을 돌렸다. 뭐 특별한 내용도 없다. '우리 회사 말순이는 완전 밥맛이라거나', '아직도 궁상맞은 살은 그대로라는 둥', '아무래도 치근덕거리는 그 남자랑 사귀어야 할 것 같다'는 너스레까지. 서울과 광주의 거리는 축지법이라도 쓴 것처럼 가까

왔다. 맘껏 넋두리를 쏟다 보면 카타르시스의 경지에 이르고, 지리적 거리도 좁혀졌다. 그리곤 아무 일 없는 듯이 각자의 일상으로 돌아갔다.

독일에 와 살게 되면서 비행기로 오랜 시간을 날아가야 한다는 상상적 거리감 때문인지 한동안 축지법이 작동을 안 하는 듯했다. 지금에야 무료전화도 많지만, 그때만 해도 국제전화비에 대한 은근한 압박도 한몫했다. 뭐, 그래도 오래 묵은 동치미처럼 가끔 생각날 때 걸려오는 친구의 전화는 눈물 나게 맛있고 고마웠다. 여전히 우리의 수다는 20대의 청춘에 머물러 있다는 것에 감사하며 말이다.

언젠가 여고 동창과 통화 중 친구들에 대한 평가회가 열렸다.
"그 뚱뚱하고 코맹맹이 친구 지연이 있잖아. 걔, 지금 잘 나가는 여성 CEO야. 지난번 봤더니 제비같이 말쑥하게 차려입은 남자가 개인 운전사더라. 걔, 요즘 완전 여왕벌이야. 그 친구랑 만나면 꿀이라도 얻어먹을까 봐 달려든대."
학교 다닐 때부터 얼굴은 경쟁대상에서 제외되곤 했지만, 목소리만큼은 바닐라 아이스크림처럼 부드러웠던 아이다. 애굣덩어리인데다가 남일에 팔을 걷어붙이고 잘 도와주어서 친구들은 농담으로 전생에 마더 테레사였을 거라는 칭찬도 아끼지 않았다. 얼굴이 그다지 예쁘진 않았으니 여학생들의 질투심을 자극하지도 않았을 테고, 남자들에겐 대기만성형으로 다가가니 양성(兩姓)의 비호를 받는 건 당연했다. 성격까지 달콤해서 우리도 그녀의 그물망에서 허우적거리곤 했으니까. 세월이 흘러서 그녀의 장점들이 승화해서 사업으로의 수완까지 발전한 모양이다. 게다가 현대의학의 힘을 빌려 성형으로 개과천선한 그 친구의 현재는 황새의 자태를 뽐내고 있다는 것.

"아 참, 그리고 현정이 있잖아."

"누구?"

"별 시답지 않은 일로 나랑 대판 싸웠던 애."

생각해보니 자신이 제일 잘난 것처럼 까칠하게 굴던, 아버지가 교수라는 친구가 있었다.

"지난번에 교회에서 후원하는 고아원을 갔는데, 글쎄 그 애가 그 고아원에서 봉사하더라. 잘 나가는 직장도 그만두고 아예 봉사전선에 뛰어들었대. 어쩜 현정이가 고아원 아이들을 돌볼 줄 알았겠냐? 성격이 완전 돌 씹는 것처럼 우둘투둘하던 앤데……."

처음 봉사활동의 목표는 나 자신이었다. 외국생활에서 나의 정체성을 찾고 날 사랑하는 법을 먼저 터득하라고 강사 선생님은 부단히 주문했다. 생각해보니 나 자신을 사랑하는 것에 인색했던 과거였다. 그렇다고 남을 위해 헌신한 삶을 산 건 더더욱 아니었다. 호스피스 단체에서 1년여의 교육을 받은 후 내 인생의 서랍정리에 대한 노하우가 생겼다. 그리고 점차 주변을 인식할 수 있었다. 진정성을 가지고 사물을 바라볼 수 있었다.

주변에 한인 어르신들이 보였다. 이제 나이가 들어 누군가의 도움을 필요로 한다. 보통 치매가 오면 몇십 년 동안 구사했던 외국어는 잊어버리고 모국어밖에 사용할 수 없다. 그래서 독일 병원에서조차 간호할 수 없는 난감한 상황에 봉착한다. 하지만, 나이 들면서 더 두려운 것은 외로움과 소외다. 사실 외로운 독거노인은 독일사회에서 보편적인 그림이다. 그렇지만, 60~70년대 대가족 체제에서 살아온 한인 어르신들에게 있어서는, 이국땅에서 외로이 늙어가는 것과 홀로 죽음을 맞이한다는 것은 더 큰 두려움이다.

간호사 출신으로 홀로 사시는 분이 있다. 집을 찾아가면 빛바랜 사진첩을 꺼내며 전투처럼 살았던 지난날의 상념에 젖는다. 가정형편이 어려워 6남매를 한국에 남겨두고 독일에 왔지만, 열심히 일해서 몇 년 후 아이들을 데려왔다. 하지만, 그 자식들은 눈물의 빵으로 연명했던 어머니의 시간을 이해하기는커녕 자신들의 서운함만 강조한다고 한다.

"어머니는 몇 년 동안 독일에서 잘 먹고 잘 살았지만, 우리는 한국에서 버려진 자식처럼 살았어요"

그런 말을 듣는 할머니는 가슴이 찢어졌다. 죄인의 심정으로 자식들을 끌어안지만, 몇 년의 공백이 낳은 소통의 거리감은 쉽게 좁혀지지 않는다. "지금처럼 국제전화가 저렴했으면 어린 아이들의 목소리라도 자주 들었을 텐데……" 그녀는 말끝을 흐렸다.

"아이들을 데려오고 나서도 일하느라 아이들과 함께할 수가 없었어요.

아이들은 나와 살가운 대화를 기다렸어요. 하지만, 먹고 살기 바빠서……."

최근 눈을 감을 때까지 고향을 그리워했던 파독 광부 출신의 유모 씨.

독일에 살다 고향이 너무 그리워 몇 번 짐을 싸서 한국으로 가려고 했다. 하지만, 한국의 친척들은 의외의 반응이었다. 형제들은 '독일에서 한 번 살았으니 아예 눌러 살고 삶의 마지막을 보내길' 조언했다. 대화의 시간 없이 바쁘게 지나가는 일상들. 자신이 떠나왔던 때와 너무나 달라진 모습에 독일보다 더 낯선 기분을 느꼈다고. 하지만, 그는 생을 마감할 때까지 향수에 젖어 살았다. 결국, 암으로 세상과 이별을 고한 유모 씨는 누구도 치유할 수 없는 가슴 속 그리움을 안고 떠났다.

자식들 생각해서 일어나라고 채근해도 그는 도리질을 했다고 한다.

"이곳에서 나고 자란 애들이 어디 자식입니까?"

그의 감긴 눈에서는 눈물이 흘렀다. 그만큼 하소연할 데 없어 속으로 삼켰다는 의미다.

사실 누구도 그들을 위해 할 수 있는 것은 거의 없다. 단지 그들 곁에서 우리의 언어로 함께 수다 떨어주는 것. 가슴 한켠에 쌓아두었던 못다 한 이야기들을 그냥 들어주면 된다. 가슴에 꼬였던 실타래들을 털어놓으실 수 있도록 경청하는 것이다. 대화를 나누다 보면 어느새 세대를 막론하고 하나가 된다.

난 수다가 좋다. 어떤 이야기든 귀 기울여주고 나 또한 표현할 수 있는 부담 없는 '수다'라는 단어기 좋다. 나무하는 초동의, 물 긷는 아낙의 수다라도 좋다. 그것은 값싸게 보일지라도 촘촘히 하나로 묶어주는 위력이 있기 때문이다.

기다림의 이름으로

새벽 다섯 시, 조용한 마을이 기지개를 켠다. 멀리 뤼겐섬이 바라다보이고, 마을 앞을 지나면 은빛 백사장과 드넓은 바다와의 황홀한 조우가 시작된다. 여행자의 시선은 이렇듯 조붓하고 서정적이다. 독일 북부 슈트랄준트의 항구는 바다를 품은 장정들로 분주한 일상이다. 막 건져 올린 생선 마냥 유혹적이다. 낯선 여행자들은 그곳에서 사는 이의 치열함을 이해하지 못한다.

그러고 보니 오랫동안 내 친구 은희를 기다렸다.

내 나이 일곱 살이 되던 어느 여름날, 은희는 강한 빗줄기와 함께 『오즈의 마법사』의 도로시가 되었다. 오버 더 레인보우(Over the Rainbow)를 들을 때마다 은희를 생각한다. 꽃 이파리처럼 여린 은희가 폭우에 휩쓸려 하늘나라로 갔다는 사실을 안 건 5년 후였다. 내가 가장 친한 벗

은희를 기다렸듯이 지금 내 고향 마을은 누군가를 기다리듯 쓸쓸하게 서 있다.

유년시절에 내가 살았던 마을 이름은 초분골이다. 그중 우리 집은 초분(草墳)의 메카라고 할 정도의 중심 터에 서 있었다. 우리 집 옆 넓은 공터엔 가끔씩 상여가 놓여 있곤 했다. 아버지는 망자의 유족들을 배려해 우리 집 대지에 상여가 잠시 쉬어가도록 허락하셨다. 그때는 오히려 죽음이 인생의 자연스런 과정처럼 느껴졌다. 애달픈 곡소리는 단조음의 노래로 들렸고, 한 서린 여인의 사부곡은 자연의 일부처럼 다가왔다. 그 소리는 때론 바다 솔숲같이 아스라하고, 갯바위에 부딪히는 파도소리처럼 스산했다. 죽은 이의 넋을 기리며 불리던 소리는 바닷바람을 타고 아득한 수평선 너머로 날아갔다. 마을 사람들은 망자와 다시 만날 날을 기다렸고, 담담히 일상을 재편성했다. 그것은 남도인들이 가진 장례의식의 정신과도 무관하지 않다.

초분은 시신을 바로 땅에 묻지 않은 채 돌이나 통나무 같은 덕대 위에 관을 얹어놓고 육탈 될 때까지 이엉 등으로 쌓아놓은 임시 무덤이다. 남도지방에서 행해지는 장례풍속으로, 옛날에는 초분을 한 후 좋은 날을 받아 유골을 땅에 묻었다. 초분은 기다림이고 정(情)이다. 장지를 정해 멀리 산에 묻는 것이 아닌, 완전히 육탈 되기까지 가까이에서 기다리며 망자에 대한 애틋한 감정을 초분에 싣는다.

1977년에 상영된 '초분'이란 영화는 우리 마을이 배경이다. 김희라, 윤일봉 씨 등이 주연인 영화다. 우리 집은 영화배우들이 묵었던 곳이다. 무서운 장면을 찍기 위해 귀신이 나타나는 자정에 촬영에 몰두한 영화배우들을 보려고 우르르 몰려갔던 어린 날의 아릿한 기억이 있다. 영화 촬영모습은 문명에 소외된 초분골 사람들에게 김광섭 시인의 시 속의 '성북동 비둘기'보다 더 진한 충격이자 신선한 자극제였다. 영화를 찍는 배우들은 시골 촌부들에겐 문명의 뇌를 깨우치는 망치였다. 여배우들을 몰래 훔쳐보던 동네 총각들이 짝사랑의 열병을 앓았고, 동네 아낙들이 어눌한 서울사투리 행각에 나서곤 했으니까.

우리 어머니는 김치를 잘 담그셨다. 가끔 어머니가 절구통에 탱탱한 고추를 찧어 새빨간 김치랑 깍두기를 담을 때면 "어머, 언니! 깍두기가 진짜 맛있다."며 여배우들이 몰려와 너스레를 떨었다. 엄마의 손 큰 정을 맛보며 다시 오겠노라 새끼손가락 걸던 그들은 우리의 기다림을 세월 속에 묻어버렸다. 초분골의 사람들은 그들을 만난 후유증과 그리움에 오랫동안 가슴 절절해했다. 지금은 사라진 유물처럼 이름으로만 현존하지만, 초분의 의미가 주는 기다림과 그리움은 마을 사람들의 가슴에 절어 있다.

촬영을 마친 그들은 너덜거리는 육신을 짊어지고 숙소인 우리 집에 돌아와 밤새 술을 마시고 고단한 하루를 달랬다. 은희와 나는 화려하기만 했던 여배우들의 번쩍거리는 하이힐을 몰래 신어보며 삐거덕거리는 발을 조심스레 재촉하곤 했었다. 우리는 빨리 커서 뽀족구두를 신어보자고 약속했다. 그렇게 새끼손가락 걸었던 은희는 뽀족구두 한 번 신어보지 못하고 저세상으로 갔다. 초분의 자매격인 독단물(어린아이가 죽으면 묘를 만들지 않고, 관 위에 돌을 얹어놓는 무덤)로 은희의 작은 육신을 채워넣었다는 이야기를 뒤늦게 들었다. 뭔가 알만한 나이가 되어 뒷산 중턱에 마련된 은희의 독단물을 찾아 헤매던 기억이 지금도 생생하다. 그것은 내 그리움과 기다림을 보상받고 싶은 심산에서였다.

고기잡이하러 가던 남편이, 아들이 싸늘한 주검이 되어 돌아오면 마을 사람들은 초분을 했다. 바다를 품은 사람들은 보이지 않는 존재를 두려워하고, 숭배한다. 그들에게 있어 두려움은 기다림이 충족되지 않았을 때 나타난다. 바다사람들에게 기다림의 반대말은 상실감이나 한(限)이다. 그래서 그냥 무언가를 기다리는 것이 속 편하다.

독일에 막 처음 왔을 때, 멜링담에 있는 도시 공동묘지에 가본 적이 있다. 난 이 고즈넉한 뜰을 가끔 산책하곤 한다. 가끔은 가족과 함께 이 조용한 정원 한가운데를 노래를 부르며 걷곤 했다. 한 바퀴를 휘돌다 눈에 띄는 한글비석이 있었다. 한국인 목사님의 묘였다. 삼십 대 젊은 나이에 독일에 유학 와 비명에 간 이름 모를 목사님이 그곳에 안치되어 있다. 어느 누구 하나 찾지 않았는지, 꽃 한 송이도 없이 쓸쓸하다. 외국에서 삶을 마감하는 사람들도 이렇듯 죽음 후의 순간은 잊히는 바람과 같을까? 누군가는 고국 땅에서 그가 오길 기다렸을 것이다. 미래를 꿈꾸자고 약속했을 것이다.

'초분'은 바람처럼 잠시 머무는 우리네 인생과도 같다. 짧은 인생임에도 무언가를 속절없이 기다리는 우리와 같다. 뾰족구두를 신을 날을 기다리던 나와 은희처럼…….

나에게 있어 고향 초분골은 인생을 들여다볼 수 있는 공간이다. 영화처럼 명확한 결말을 알 순 없지만, 무언가 기분 좋은 기다림이 존재할 것 같은. 또 다른 하루의 기다림이 존재하는 초분골의 아침이 그립다.

편지, 사랑만큼의 무게감

괴테가 연인 샤를로테에게 쓴 연애편지는 군더더기 없고 진실한 감성이 전달된다.

눈과 서리 사이에서 꽃 한 송이가 반짝입니다. 마치 내 사랑이 삶의 얼음과 악천후 속에서 빛나듯이. 어쩌면 오늘 가게 될지도 모르겠습니다. 난 잘 있고, 마음도 편안합니다. 그리고 어제보다 오늘, 오늘보다 내일 당신을 더 사랑합니다.

나는 이 편지의 말미인 '오늘보다 내일 당신을 더 사랑합니다.'라는 구절에 필이 꽂힌다. 말로 표현할 때의 어색함보다 편지가 주는 전달력은 훨씬 강력하다. 괴테는 편지를 통해 사랑을 고백했다. 7세 연상인 슈타인 부인에게 1,500여 통이나 되는 편지를 보냈지만 끝내 사랑이 이루어지지 않았다. 하지만, 그의 편지들이 세기를 넘어 문학의 정점으로 평가되는 것을 보면 편지의 위력이 대단하다.

70년대 초 남편을 독일로 떠난 보낸 정순희 씨는 유일한 통신 수단인 편지로 그리움을 달랬다. 남편은 파독 광부다. 집배원이 오는 시간이면 대문짝에 이마를 대고 아예 진을 쳤다. 그에게서 소식이 없는 날이 계속되면 방구석에 둘러붙어 시름시름 앓았다. 독일에서 보낸 깨알 같은 글씨를 읽고 또 읽으면서 정씨의 이십 대 청춘도 저물고 있었다.

어느 날은 몹시 아팠다. 머리가 깨어질 듯 아파 두 아이를 친정에 맡겨놓고 병원에 내달렸다. 이 순간에 남편이 더욱 그리웠다. 밥 세 끼 챙겨먹고 살려고 남편을 먼 타향으로 내몰린 년 같아서 내내 울었다.

의사의 지시에 따라 수술을 했고, 회복하는 동안 남편 없는 설움이 복받쳤다. 독일로 떠난 지 일 년 남짓, 남편은 1,500미터 지하 막장에서 석탄과 싸우고 있었다.

그가 힘들다는 것을 알면서도 내내 서운했다. 가까운 거리도 아니건만, 남편이 금방이라도 달려와 줄 것만 같아 문지방을 응시했다. 육자배기가 입가에 흘러나왔다. 흐느적거리며 늘어지는 가락은 그리움에 지친 그녀를 절로 눈물짓게 한다. 댓잎 두런거리는 소리만 들어도 내 님 오시는 발자국이라고 착각하는 날이 많았다. 남겨진 사랑들의 삶의 우물을 들여다보노라면 코끝이 시큰해진다.

아마노 5년 신 한국에서 올 때 가방 속 어딘가에 날려왔을 시집 한 권.
며칠 전 책장 사이 삐죽이 삐져나온 얇은 시집을 꺼내 들었다.

"혹시 알고 있니? 너와 함께 얘기하고 있으면 절때루 지루하지 않다는
것을……."

남루한 책갈피 사이로 흘러나온 엽서 속 친구의 음성이었다. 벌써 15
년도 넘은, 이름도 가물가물해진 친구의 엽서였다. 손으로 직접 쓰는 카
드조차 받지 못하는 요즘 친구의 단아한 문구가 고아하기까지 하다.

이메일이나 문자메시지는 빠른 속도로 전달할지 모르지만, 짤막하더
라도 손때가 묻은 엽서는 마음의 본질을 드러내고 깊은 여운을 남긴다.
그 어떤 필력이나 테크닉도 필요하지 않다. 그저 현재의 감성을 여과 없
이 손을 통해 자연스레 흘러내리는 것.

파독 1세대 할머니 한 분이 안부편지를 보내왔다.

"그간 궁금하고 걱정이 됩니다. 집에 오셨을 때 감기 기운이 있다 해서
걱정했드랬지요……."

컴퓨터를 배운 세대가 아니어서 굳이 편지를 썼다지만, 힘없는 손으로
붓글씨 쓰듯 정성이 묻어나는 글귀를 접하니 그 어느 글보다 감정의 묘
미를 더한다.

흰 백지 위에 떨리는 손으로 써내려갔을 사랑의 언어들이 그분의 정
숙한 자태와 함께 X레이처럼 투명하게 다가온다.

독일은 아직도 편지를 쓰는 사람들이 많다 하니 참으로 다행스러운 일이 아닐 수 없다. 디지털이 좋다지만 아직도 난 아날로그를 동경한다. 시대착오적이고 반역사적이라 비아냥거려도 어쩔 수 없다. 웹진보다는 매달 받아보는 잡지를, 이메일보다는 힘을 주어 눌러쓴 편지가 그립다.

어느 가을날 낙엽을 모아 친구에게 쓰던 편지와 앞줄 친구 녀석에게, 같이 근무하는 동료에게 커피 한 잔 마시자고 유혹하는 짤막한 쪽지 편지가 사랑스럽다.

그렇게 편지를 쓰다 보면 겹겹의 방어막으로 둘러싸인 속살이 드러나고 젖은 비옷 같은 영혼이 따스해진다. 때론 빠른 세상에서 더디게 가는 게 답답하지만, 마음의 진실이 오롯이 담겨 있고, 기어이 파편을 수집하기에 편지 만한 게 없다. 편지만큼 무거운 사랑의 무게는 없다.

당신이 그리워지는 시기

체코에서 오스트리아로 자동차를 타고 가다 보면 하늘과 맞닿을 것 같은 광활한 광경이 눈에 들어온다. 머릿속이 아스라해진다.

하늘 아래 진풍경은 나를 향한 조용한 시위다. 눈을 감으면 신발 아래에 끼인 여린 풀들의 신음도 망각한 채 나지막한 구릉을 따라 초원 아래로 달리는 꿈을 꾼다. 난 그 여린 풀들이 나의 지르밟는 발걸음에 포섭되고자 자기네들끼리 지독한 살육을 벌이는 것도 감상한다. 마치 살바도르 달리의 그림을 보는 것처럼 초현실주의적인 풍경이다.

스피드한 눈에 비하면 내 심장의 여운은 오래간다. 그때 난 살아있음의 환희를 느꼈다. 잠시 차를 세우고 밖으로 나가, 바람에 그을린 초원을 바라보았다. 푸른 아우성이 둔중한 해머처럼 뒤통수를 후려쳤다.

소란피우고 싶지 않았지만, 그들의 소음에 한통속이 되고 싶어 환호를 질렀다. 숨이 멎을 것처럼 초원의 역풍은 나에게 쉼 없이 불어왔다.

살아 있기에 맡을 수 있는 공기와 감상할 수 있는 심장이 있음에 기꺼워하면서 말이다. 난 숙소로 돌아와 밤새도록 그들에게 고마워했다. 그리고 살아있음에 감격했다. 살아 있다는 것은 다시 무언가를 할 수 있다는 자신감을 의미한다.

84년에 우리나라에서 남북한 이산가족 상봉이라는 역사적인 사건이 있었다. 텔레비전 화면에 비친 그들은 꾸미지 않은, 날 것이었다. 혈육 앞에서 체면도 위신도 무너졌다. 난 연루되지도 않은, 그들만이 아는 세상이었지만 왠지 모르게 목이 메었다. 감정이입 때문이었다. 내가 그 잃어버린 형제였다면, 아내였다면, 자식이었다면……. 그렇다면 이야기가 달라진다. 그들은 하나같이 '이렇게 살아있으니 볼 수 있구나.'였다. 살아있기에 이렇게 만날 수도 있었던 거다. 그들에게 운명은 처음 만남의 순간부터 뒷걸음치며 달아났다. 지금까지도 운명이 뒷걸음치며 그들의 만남을 막는 경우도 있다.

가끔 독일에서도 이산가족을 방불케 하는 문구를 발견한다.
독일 한인 인터넷 사이트나 동포신문에 종종 "파독 간호사로 온 친구 누구를 찾는다."는 내용이다. 40년에 헤어졌다든가, 어릴 적 친구라든가……. 그러곤 내 눈을 고정하는 마지막 문구가 있었다.
"죽기 전에 그 친구를 꼭 만나고 싶습니다."
그들은 알겠지만, 불특정 다수는 알 수 없는 어딘가에 존재할지도 존재하지 않을지도 모를 미상들을 찾는 광고문구는 무수한 상념에 빠지게 한다. 세월이 흘러 애타게 찾는 마음은 어떤 마음일까. 나이 들어가고 있다는 증거일까?

아스피린을 만든 제약회사 '바이엘'이 있는 도시가 바로 레버쿠젠이다. 그곳에서 사는 파독 간호사 몇 분과 이야기할 기회가 있었다.

"독일에 처음 올 때 비행기 옆자리에 앉았던 친구였어. 너무 보고 싶어서 광고를 냈어. 딱 38년 만이지. 어느 날 그 친구가 광고를 보고 전화를 해서 만났어. 다행히 살아있으니 만났지. 이십 대의 풋풋한 처녀들이 글쎄 할망구가 되었더라고. 손주들 이야기하다가 끝났어. 우리가 벌써 양로원 들어갈 나이가 되었잖아. 서로 자신은 하나도 안 변한 것처럼 얘기한 거 있지."

얼굴이 동그란 그분은 지금도 간호사로 일하고 있었다. 자신이 찾았던 친구는 한국에서 독일에 오기 전 반공교육과 언어교육 받을 때 함께했었다고 한다.

"독일 가면 북한 사람들하고 절대 접촉하면 안 된다고 해서 눈을 시뻘겋게 뜨고 정신 차리고 다녔지 뭐야. 그때는 우리나라가 그렇게 무서웠던 시절이지."

그 이야기를 할 때, 그녀는 이미 이십 대의 나이로 돌아가 있었다. 파독 간호사로 14년을 일하다 파독 광부로 온 남편이 사업을 시작해서 간호사를 그만두었다. 이후 2001년부터 다시 병원에 나가고 있다는 그녀는 병원 일하다 보니 그때 생각이 많이 났다고 눈시울이 붉어졌다. 옆에 앉은 이도 거든다.

"한인성당에서 파티를 하는데, 고향이야기가 나왔어. 다른 곳에서 얼마 전에 이사 온 분이 날 빤히 쳐다보는 거야. 그러고서 나에게 갑자기 달려들면서 펄쩍펄쩍 뛰는 거야. 한국 살 때 같은 동네에서 살았고, 초등학교에서 같은 반이었는데도 못 알아보았다니까. 걘 너무 많이 변했더라고."

"나는 정말 보고 싶은 친구가 있었는데……. 먹고 살기 바쁠 때는 생각을 못하다가 얼마 전에 알아봤더니 이미 이 세상 사람이 아니더라고……."
그들은 하나같이 흥분된 목소리를 냈다.
"이렇게 살아 있으니 만날 수 있는 거지. 이제 점점 나이 들어가기 전에 만나고 싶은 사람도 만나야지."
그들의 이야기를 듣는 동안 독일의 해는 능선 위로 넘어가며 사위가 어두워지기 시작했다.

세상에는 만나고 싶어도 만날 수 없는 이들이 많다. 그들에 비하면 어쩌면 이들은 행복한지도 모르겠다. 죽기 전에 찾고 싶다는 말은 이제 늙어가고 있다는 말 같아서 못내 여운이 남는다. 찾고 싶은 사람이 있는지 뒤져봐야 할까? 살아 있는 동안에, 그리고 너무 못 알아보는 일이 없도록 조금 더 젊을 때 찾아볼까? 죽기 전에.

노래 부를 때가 가장 행복해

80년대 이후 한국경제가 안정을 찾으면서 독일 유학생의 숫자가 급격히 증가했다. 독일대학에 등록된 한국인 유학생 수는 2011년 기준 약 5,300명 정도다. 이외에 워킹홀리데이나 어학연수생을 포함하면 그 수는 늘어난다.

유학생 중에는 음악을 공부하는 학생들이 많다. 대도시의 음대에서는 한국인 지원자가 많아 한국인들끼리 경쟁해야 할 판이다. 음악의 본고장인 독일에서 공부하고자 하는 학생들이 프리마돈나를 꿈꾸며 속속들이 몰려드는 추세다. 어릴 때부터 음악도로 키워진 학생들은 유럽에서 뛰어난 기량을 선보이며 국제무대를 휩쓴다.

그중 서예리 씨도 단연 돋보인다. 지난 2010년 유럽 전역에서는 프랑스 현대음악 거장 피에르 볼레즈의 음악 세계를 조명하는 작업이 시작되었다. 이때 서 씨는 독일 밤베르크 심포니 오케스트라와 협연해 '수정 같은 목소리'라는 극찬까지 받았다. 이 실황은 작곡가의 음악을 조명한 다큐멘터리에 오롯이 담겨, 베를린의 음악 다큐멘터리 영화제에서도 상영됐다.

지난여름, 실내장식이 고풍스러운 어느 카페에서 그녈 만났다. 그녀는 마치 30분 후에 무대에 오를 것처럼 화사한 화장과 순백의 긴 원피스를 입고 있었다. 보기만 해도 우아하고 싱그러웠다. 그녀의 현재는 성악가지만, 원래는 피아노를 배웠다. 피아노를 만 4살 때부터 배우기 시작해 예원학교에 입학했고 중2 때까지 피아노랑 살았다. 그럼 왜 성악으로 바꾸었을까.

"엄마가 절 임신했을 때 노래만 하셨대요. 그래서인지 노래 부르는 것을 좋아했어요. 그런데 어느 날 성악 하는 친구 반주를 해주다 갑자기 눈물이 났어요. 헨델의 오페라 아리아였어요."

자신도 모르게 감동이 되어 따라불렀다. 그러자 친구가 깜짝 놀라며, "너 가진 소리가 있다. 나보다는 네가 성악을 하는 게 좋겠다."라고 하는 것이다. 서 씨는 자신의 숨어 있는 재능에 눈을 뜨기 시작했다. 친구의 선생님께 레슨을 받고 싶다고 졸랐다. 선생님이 한 번 시켜보고는 아까운 인재라고 평가했지만, 선뜻 제안을 못 하시는 것이다. 이유는 기껏 열심히 피아노 쳤는데 성악을 하라고 권하기는 그동안의 수고가 아깝다는 것이다. 결국, 엄마에게 말씀드렸다. 엄마는 "너, 연습하기 싫어서 그렇지?"라며 헛바람이 들었다고 하셨다. 하지만, 그녀는 진정 하고 싶은 것을 찾았기에 포기할 수 없었다. 결국 "엄마, 나는 노래 부를 때가 가장 행복해."라고 말하며 단식투쟁도 불사했다. 하나밖에 없는 외동딸의 간절한 소망을 엄마는 거절할 수 없었다.

사실 그녀의 어릴 적 꿈은 연기자였다. 거울 보면서 연기 연습하고, 엄마가 들어오시면 얼른 피아노 앞에 앉곤 했다. 그의 연기에 대한 열망은 성악을 하면서 자연스럽게 채워졌다. 성악은 청중이 있고, 가사를 통해 청중 앞에서 표현할 수 있다는 점이 적성에 맞았다. 그에 비해 피아노는 홀로 하는 외로운 시간이다. 사람과 소통을 원하는 그녀에게 성악이 딱이었다. 사실 음악선생님의 반대도 있었다. 피아노를 잘하는 제자인데, 전과를 한다고 하니 기가 막힐 노릇인 것이다.

그녀는 전과시험을 치르면서까지 전공을 바꿨다. 하지만, 자신의 노래를 하는 데 있어서 피아노의 도움이 컸다. 음악은 모두 연결된 고리이기에 피아노를 연주했던 것은 성악에 큰 자산이 된다. 어릴 때부터 피아노를 쳤기 때문에 절대음감을 가지고 있었던 서 씨는 성악이 마치 자신의 살처럼 흡수되었다.

서 씨는 겨우 40일 정도만 독일 집에 머무른다. 나머지는 유럽, 중국, 일본, 미국 등에서 활동한다. 한국에서 법대 교수인 남편이 방학이면 찾아와 매니저 역할을 자청한다. 남편은 음악에 심취한 사람이다. 그래서

인지 독일 유학 중 둘은 자연스레 눈이 맞았다. 초등학교 6학년 때부터 음악에 심취했다는 남편은 세계 유명 지휘자들과 노래를 하는 아내를 보면서 어릴 때의 꿈이 이루어졌다고 말할 정도다. 남편은 서 씨가 노래하는 것을 가장 좋아한다.

2001년부터 독일 베를린 방송 합창단에서 4년간 단원으로 활동했던 서예리 씨는 독일 명문 연주단체인 '베를린 고음악 아카데미(AKA-MUS)'와 바흐의 칸타타를 협연하기도 했다. 2003년 오스트리아 인스부르크 페스티벌에서 르네 야콥스의 지휘로 몬테베르디의 오페라 『오르페오』에 출연한 뒤부터 바로크 음악도 하고, 동시에 지난 2006년 서울시향의 현대음악 시리즈인 '아르스 노바(새로운 예술)'에 초대받는 등 고대와 현대의 국경을 자연스레 넘나든다. 그녀는 뉴욕 링컨센터 무대에 선 뒤 세계적 매니지먼트 회사인 IMG와 계약해 더욱 주목받았다.

이렇듯 유럽 무대에서 종횡무진 활약하는 만큼 연습시간도 많다. 하루 9~10시간을 연습하고 오페라 연습까지 겹쳐 몸에 무리가 온다. 그래서인지 공연 후엔 항상 테라피를 통해 몸을 원상태로 복원시키는 작업을 하곤 한다.

그녀는 탈장수술을 네 번이나 했다. 성격이 긍정적이라 아무리 큰일이 닥쳐도 좌절하진 않은데 사실 수술실에 들어가기 전까진 두려웠다. 마취 자체도 두려웠다. 이러다 노래를 못 부르는 것은 아닌지 걱정이 되었다. 그녀는 하나님을 믿지 않았다면 견디지 못했을 거라고 토로한다.

  그에게 음악은 삶이자 목적이었다. 그는 음악 하는 학생들이 자신이 왜 노래를 하는지 알아야 한다고 말한다. 목적지향주의가 아닌, 진정한 음악에 눈떠야 한다고.

  서 씨는 그저 노래가 좋다고 했다. 그에게 무대는 마약과 같은 존재다. 그게 음악을 하는 이유였다. 노래하는 게 행복했다.

  "꽃은 향기가 저절로 나지, 내려고 하는 게 아니다. 자신이 무엇을 하고 싶은지 찾는 것이 중요하다고 생각한다."

  그녀의 지론이다. 자신이 좋아하는 것을 하게 되면 내면의 끼가 자연스레 발현되는 것이라고. 그리고 그걸 안다면 악보를 먹을 정도로 보고 열심히 연습해 뼛속 깊이 음악에 심취해야 한다는 것이다.

  그녀는 활달하다. 그녀와 함께하면 유쾌해진다. 마음을 여는 스타일이다. 공연이 없는 날은 요리해서 사람들을 초대해 나눠 먹기도 한다. 드레스덴에서 오페라 연습할 때 바츠도르프 슐로스라는 중세시대 성 안에서 합숙했다. 모두가 연습 때문에 힘들 때였다. 동료가 서 씨에게 다가와 "지휘자가 할 말 있다."고 했다는 것이다. 노래 때문일 거로 생각해 악보를 들고 갔다. 문을 여는데 애들이 갑자기 생일축하 노래를 불러주는 것이다. 너무 갑작스러운 일이었다. 독일말로 정말 위버라슝(깜짝 놀랄 일이나 선물)이었다. 그 순간에 그녀는 엉엉 울어버렸다. 기분파인 그

너는 생일 턱으로 주말에 한국요리를 만들어 대접했다. 손이 큰 서 씨의 요리솜씨는 수준급이다. 불고기, 된장찌개, 김밥, 빈대떡을 푸짐하게 준비했다. 대접한다는 마음에 피곤한 줄도 몰랐다. 그날 독일 동료들은 너무 행복해하고 즐거워했다.

다소 식상한 질문을 던졌다. 그를 지탱하는 가치가 무언지 궁금했다. 그리고 소망까지도.

"우리가 사는 것은 1분 1초도 모르잖아요. 내일 죽을 수도 있고……. 그래서 미래를 위한 계획도 없어요. '지금 잘 살자. 후회하지 않도록 살자'입니다."

그녀는 배시시 웃으며 그녀보다 일찍 아줌마가 된 나에게 물었다.

"급박한 소망은 아이 만들기에요. 주말부부도 아닌, 1년 부부인 우리에게 아이가 생길 확률은 높을까요? 아이를 못 낳아 시기를 놓치면 어떻게 하죠?"

한창 주가를 올리는 그녀의 아줌마로서의 소박한 고민이 예쁘다. 같은 아줌마로 질투를 느낀다. 그녀는 두 가지 모두 잘해낼 것 같다. 무대에서 화려한 스포트라이트를 받는 그녀지만, 소박한 일상을 꿈꾸는 이 시대 평범한 엄마로서도 성공하게 되리라는 것을.

1세 부모와 2세 자녀의 소통이란

최근 요아힘 가우크 독일 대통령이 앙겔라 메르켈 총리에게 충고를 했다고 한다. 당선 전에도 약간 껄끄러운 관계이긴 하지만, 상징적 원수인 독일 대통령의 말을 소홀히 할 수 없다. 그의 충고의 핵심은 유로존 위기와 관련해 국민에게 설명하며, 소통을 잘하라는 것이다. 어딜 가나 소통, 또 소통이다. 커뮤니티가 난무하는 현대사회에서 소통은 곧 힘이다. 소통의 문제는 인간관계의 핵심이다. 가정에서도 마찬가지다. 부모·자식 간, 형제 간 소통이 원활해야만 화목을 이룰 수 있다.

강연희는 파독 광부 아버지와 간호사의 딸이다. 아버지는 파독 광부로 일하다 계약기간이 지나 자동차 회사에서 일하게 되었고, 어머니는 여전히 독일병원에서 일한다. 어머니는 40년 이상을 병원에서 일했으니 인정받는 베테랑 수간호사다.

"독일에서 2세로 살면서 인종차별이랄지 어려움은 없었나요?"

그녀의 대답은 의외다.

"오히려 독일사회나 친구와의 어려움은 없어요. 물론, 점점 나이가 들어서는 내면에 박혀 있는 한국인의 정서 때문인지 독일친구들과 좀 멀어지긴 해요. 아무래도 피부색의 차이를 느끼게 되는 거죠. 그래도 여전히 전 독일친구들이 많아요."

"그럼 큰 문제 없이 자랐겠군요."

그녀는 김나지움과 아비투어(우리 식으로는 수능시험 정도)를 마치고, 좋은 성적으로 대학까지 마친 수재다.

"가장 힘들었던 것은 부모님과의 소통이에요."

"아니, 한국말 잘하시잖아요. 대화가 힘들었나요?"

"물론, 어릴 때부터 어머니가 한국말을 하라고 권해서 언어적인 소통에는 어려움이 없지만, 문제는 뭔가 통하지 않은 가치관의 차이랄까요? 부모님과 소통이 힘들어 아예 한국인들과도 담쌓고 사는 2세들도 많아요."

그녀는 어린 시절, 아버지의 주입식 훈육방법에 힘들어했다. 자신은 다른 일을 하고 싶은데 부모님의 기대는 이곳에 있다든지, 늘 그런 식이었다. 60년대의 사고방식을 고집하는 부모와는 도덕과 윤리적 가치관에서 도통 통하지가 않았다. 특히, 부모님은 무조건 공부를 열심히 해서 최고가 되길 바랐다. 대학을 가길 바랐고, 전문직업을 갖길 원했다. 정작 마음 깊숙이 아이가 원하는 것이 무엇인지 소통하려는 의지는 없어 보였다는 것이다. 그녀는 부모님의 진정 어린 사랑 표현을 갈구했다. 하지만, 아버지는 사랑을 이렇게 정의했다. 표현보다는 '진정한 내면의 정'이라고.

그녀 말에 의하면, 2세들은 사춘기 시절 한 번의 고비를 만난다. 아마 사춘기는 전 세계적으로도 인생에서 가장 힘든 고개일 듯싶다. 이때 일탈을 꿈꾸는 아이들에겐 부모님과의 소통이 절실한 시기다. 이 시기에 부모와의 소통이 단절되면 마음의 심지는 금세 활화산처럼 타오른다. 방황하는 아이들은 일찍부터 마약을 하거나 술을 마시는 것으로 풀기도 한다. 강 씨는 그게 비단 나쁘게만 생각해서는 안된다고 이야기한다. 하나의 과도적인 현상일 뿐이라는 것. 공부를 잘하던 아이들도 방황기에 때론 자포자기하기도 한다. 어쩌면 그 시기에 거칠 수 있는 통과의례임에도 부모는 자신의 아이들이 항상 건실하게 있어주길 바란다. 그 기대가 대리만족의 도구로 사용되어 억압하게 되면 아이들의 방황은 길어질 수밖에 없다.

바쁜 부모님은 기다려주지 않는다. 시간 없는 부모들은 아이들과의 소통에 무신경하다. 결국, 가정에서 정신적으로 소외된 2세 아이들은 자신을 죄악시하며, 무가치한 존재로 생각하고 의지를 상실하는 경우가 있다.

파독 광부의 아들인 영호 씨도 바르게 자라다 사춘기 때 일탈을 꿈꾸고 외부와 출입을 하지 않은 채 10년을 집에서 빈둥거렸다. 부모는 '똑똑한 아이였는데 친구를 잘못 만났다'고 남 탓에만 열을 올린다. 성공하지 않은 아들을 한인사회에 드러내기도 창피해했다. 최근에서야 겨우 일자리를 찾은 그는 방황했던 그때를 회상한다. 잘해야 한다는 무게감과 부모와의 소통 부족의 아쉬움을 이야기한다.

올바른 소통이란 상대방이 무엇을 바라는가를 제대로 보는 것에서 시작한다고 한다. 즉, 소통은 섬세한 관찰에서 시작된 것을 알 수 있다. 소통의 창을 열어 놓았을 때 정신적 불구상태도 회복시킬 수 있다. 겹겹이 둘러싸인 방어벽을 제거해보자. 가족부터 먼저 해야 할 일이다.

사랑은 무엇을 남기는가

독일 신문에 '현대판 망부석'을 생각나게 하는 기사가 실린 적이 있다.

칠십 대의 레나테 홍 씨가 반세기 만에 그녀의 남편인 북한인 홍 씨를 만난 것이다. 그녀는 독일 예나 출신으로, 1955년 예나 대학에 재학할 당시 남편을 만났다고 한다. 60년에 결혼해 첫 아들을 낳았고, 남편은 곧바로 북한 정부의 부름을 받아 다시 돌아갈 수밖에 없었다. 레나테는 이미 둘째 아이를 임신하고 있던 터였다. 남편을 곧바로 따라가려고 했지만, 남편 홍 씨는 북한의 삶이 자녀들에게 너무 힘들 것이라는 편지를 보내왔다. 남편에게서 50여 통이나 편지가 왔지만, 그마저도 2년이 지나자 오지 않았다. 이후 그녀가 보낸 편지는 모두 되돌아왔다.

몇 년 전 이 사연이 알려지자 독일 적십자사는 백방으로 수소문해 그녀의 남편을 북한에서 만나도록 주선했다. 남편 홍 씨는 북한에서 다시 결혼해 자녀가 있었지만, 레나테 씨는 혼자서 두 아들을 키워냈다. 그녀는 오랜 세월을 사랑하며 기다림으로 충분히 행복했다고 이야기했다.

마르케스의 말이 생각났다.

삶은 한 사람이 살았던 것 자체가 아니라, 현재 그 사람이 기억하고 있는 것이며, 그 삶을 얘기하기 위해 어떻게 기억하느냐 하는 것이다.

동양인의 가치관을 가진 이도 아닌, 합리적이고 현실적인 사고를 가진 독일인 여성의 지고지순한 사랑은 당시 독일 매스컴에 회자되었다. 우리의 경우 6·25때 헤어져 홀로 배우자를 기다리며 사는 할머니들을 심심찮게 볼 수 있다. 나의 시할머니 또한 일제 강점기 때 만주로 징용 간 남편을 기다리며 청상과부로 평생을 사셨다. 사진 하나 남기지 않은 남편에 대한 그리움은 어떤 모양이었을까, 궁금했었다. 하지만, 시할아버지가 남겨놓은 분신, 시아버지를 마음의 사진첩에 담아 기다림의 시간을 견디었다고 한다.

그렇다면 독일인 레나테가 남편을 기다리고 버틸 수 있었던 것은 분신인 아들들이었을까. 젊음을 반납한 채 오랜 세월을 남편을 기억하며 기다릴 수 있었던 힘은 무엇일까. 그것은 다름 아닌 연꽃잎이었다. 연꽃잎은 흙탕물에서 나오지만, 꽃잎은 깨끗한 상태를 유지할 수 있다고 한다. 어찌 보면 타락한 세상에 물들지 않고 고결한 상태를 유지해달라는 남편의 주문이 아니었을까.

남편 홍 씨가 그녀에게 마지막 보낸 편지에는 연꽃잎이 넣어져 있었는데 레나테 씨는 그것을 사랑의 상징으로 평생을 간직하고 살았다고 한다. 레나테는 연꽃잎을 보며 남편과의 해후를 기다리고 울먹거리는 그리움을 다독였다. 여성의 입장에서 억울한 것은 남편 홍 씨는 북한에 가서 자의든 타의든 가정을 이루었다는 것이다. 하지만 한편으로 레나테가 억울할 것이라 위로한다면 오히려 그녀의 숭고한 사랑이 훼손될 수 있다는 생각이 든다. 그리움은 자발적이고 개별적이기 때문이다. 누군가의 부추김으로 할 수 있는 감정이 아니기에 그리움의 대가는 오롯이 레나테의 몫이다. 그녀는 충분히 감내할 수 있었다고 생각된다.

영국시인 알프레드 테니슨은, "사랑하고 잃는 것이 사랑을 하지 않는 것보다 낫다."라고 말했다. 어쩌면 잃어버린 세월이었지만, 레나테 홍에게 있어선 사랑을 통해 더 큰 '그리움'과 '기다림'의 의미를 체득하지 않았을까. 그리고 그것만으로도 그녀는 충분히 행복했지 않았을까.

이곳에서 사시는 1세대 어르신 중에도 이렇듯 사랑을 기다림으로, 그리고 그 기다림을 행동으로 옮긴 이들을 볼 수 있다. 간호사인 여자친구를 따라 광부로 지원하고, 광부인 남자친구와 함께 간호사로 온 경우도 있다. 사랑이 이루어진 예도 있겠지만, 변해버린 사랑에 실망해 상처를 안고 돌아가는 이도 있다. 차라리 피천득의 '인연'처럼 '아니 만났어야 했을' 그런 만남을 가진 이도 있다.

때로는 그저 기다림과 그리움만으로도 숭고해 보인다. 막상 만나서 실
망하는 사랑이라면, 아름다웠던 추억을 보듬고 그리움 가득 살아가는
것도 충분히 행복하지 않을까. 지금 우리 시대 사랑법으로는 답답하게
보이지만, 변하지 않는 지고지순한 사랑이 때론 더 아름답다.

독일 며느리가 좋아요

국외에서 국위 선양의 중심에 서 있는 이들이 태권도 사범이다. 독일
에도 태권도 사범의 진출이 많아지면서 태권도를 배우는 독일인이 많아
졌다.

임미영 씨는 85년에 태권도 사범인 남편을 따라 독일에 왔다. 아들과
딸을 낳았다. 스물다섯인 아들은 결혼하고 13개월 된 아들까지 낳았다.
아들과 며느리가 아직도 공부를 하는 바람에 아이를 키워줄 사람이 없
어 결국 함께 살게 되었다. 뜻하지 않게 3대가 한집에 산다. 며느리 사비
나는 지적인 독일인이다. 사돈어른은 정치인이자 법학교수다.

가끔 임 씨의 남편은 손자에 대한 훈육방법 때문에 며느리를 나무라
곤 한다. 그래서 며느리는 시아버지를 어려워한다. 독일 며느리는 꿍하
지 않는다. 불만이 있으면 서슴없이 이야기한다.

며느리가 아이를 낳았을 때 임 씨는 한국식 시어머니답게 '아이를 낳

이 힘들었으니 친정집에 가서 쉬라'고 권했다. 그랬더니 며느리는 얼굴을 붉히며 정색을 했다.

"왜 나를 쫓아내려고 하죠? 전 이곳이 좋아요"

독일 며느리는 착하다. 얼마 전에 한국에서 친정부모님이 오셨다. 팔십이 넘은 친정엄마는 치매 기운이 있다. 3개월을 4대가 함께 모여 살았다. 독일 며느리는 한국 시할머니에게 다가가 한국말로 곧잘 애교를 부린다. "할머니, 내 이름이 뭐에요?"라고 물어보기도 한다. 시할아버지도, 손주 며느리 예쁘다고 연방 칭찬이다.

집에서는 독일말만 쓴다.

언젠가 아들과 한국말로 대화를 나눈 적이 있다. 말을 하다 보니 '사비나' 이름이 거론된 적이 있다. 그랬더니 며느리가 달려와서는 "방금 나에 대해 무슨 이야기를 한 거죠?"라고 묻는 것이다. 욕한 것도 아닌데 그럴 때 참 난감했다. 사비나가 오해할까 봐 집에서는 되도록 독일말을 쓰기로 했단다. 처음엔 독일 며느리를 맞이한다고 하니 마음이 힘들었다. 임 씨나 남편이나 모두 한국 며느리를 원했다.

하지만, 우습게도 아들은 어릴 때부터 한국 여자애들은 못생겼다는 말을 자주 하곤 했다. 아마도 맘에 들었던 한국 여자애가 없었던 모양이다.

태권도 사범인 남편은 고지식하다. 아들이 독일인 여자와 결혼한다는 것을 못마땅해했다. 하지만 아들은 결혼을 하기 위해 꾀를 냈다. 사비나가 아이를 가졌다고 거짓말을 한 것이다. 결국, 독일 며느리를 받아들였고, 지금은 서로 삐걱댈 때도 있지만, 뿌리에 대한 애착인지 손주에 대한 애정만은 각별하다.

독일 며느리 사비나는 때론 이기적일 때가 있다. 한국적 정서로 남을 도와주려고 하면 '왜 어머니가 그 사람을 도와줘야 하느냐, 돈 받고 하느냐'라는 식으로 따진다. 그때마다 정서적인 차이를 많이 느낀다. 또한, 시어머니인 임씨에게 큰 소리로 화를 낼 때도 있다. 함께 산 후로 두 번이나 그랬다. 그래서 어느 날인가는 불러세워서 호통을 쳤다.
"한국에서는 법도라는 것이 있다. 장유유서(長幼有序)라는 것이 있어서 윗사람에게 그렇게 함부로 화를 내어서는 안된다."고 했다. 그랬더니 놀라면서 죄송하단다.

독일 며느리는 오히려 아들보다 한국 음식을 좋아한다. 하지만, 음식은 모두 시어머니 임 씨 담당이다. 물론, 공부를 하고 있으니 당연히 시어머니 몫일 수밖에 없다고 포기한 지 오래다. 며느리는 김치도 좋아하고, 된장국도 좋아한다. 물론 며느리가 직접 한국 음식을 할 때도 있다. 하지만, 영 맛이 없어 가족이 만류하는 통에 결국엔 시어머니가 하게 되었다.

산후조리할 때도 임 씨가 미역국을 한 달 동안이나 끓여주었다. 그랬더니 며느리 사비나는 '미역국을 먹으니 젖이 잘 나온다'고 하며 한 양푼의 미역국을 먹을 정도로 좋아했다. 오히려 아들이 한국 음식보다 독일 음식을 즐겨하는 편이니 거꾸로 된 느낌이다.

한국에서 홀로 사시는 임 씨의 시어머니는 그런 임 씨를 부러워한다. "네가 정말 부럽구나. 같이 사는 게 진정한 효도지." 하며 은근히 볼멘소리를 하신다. 임 씨의 시어머니는 아들 욕심이 크다. 가끔 한국을 방문하게 되면 장남 며느리가 당신의 집에 함께 있지 않으면 힘들어하시기에 친정에 가볼 기회도 없다. 임 씨는 그런 시어머니가 되고 싶지 않고 오픈된 시어머니가 되고 싶었다. 그래서인지 독일 며느리가 오히려 편한 것 같다. 꿍한 성격도 아니고, 시원시원해서 무엇이든 곧바로 솔직하게 이야기하니 뒤끝이 없다.

임 씨는 "난 행복한 사람이에요. 아들 며느리가 어느 정도 자립을 하게 되면 떠나겠지만, 손주 데리고 사는 재미를 조금 더 만끽할 수 있으니 고마울 뿐이죠. 저도 늙어가는 모양이에요."

임 씨는 겨우 나이 오십 줄이다. 아직도 친구들은 청소년 자식을 양육하느라 고생인데, 자신은 자식 다 키워놓고 손주까지 있으니 여유가 있단다. 게다가 적적한 집에 어린 손자가 있으니 날마다 화기애애하다. 독일에 살면서 한국 가정에 들어와 한국문화와 음식에 적응하기 위해 노력하는 독일인 며느리, 쿨한 며느리가 좋은 한국인 시어머니. 그들이 만들어낸 글로벌이 조화롭다. 독일 속 다문화 가정의 행복한 모습이 좋아 보인다.

영화감독이 된 파독 간호사의 딸

종이인형 오려서 인형놀이 했던 시절에, 선희 집엔 유독 실물인형이 많았다. 조무래기 여자아이들의 로망이었던 파란 눈에 금발머리 바비인형도 보였다.

할머니랑 같이 살던 선희네 집은 어느 날은 울타리를 뜯어고치더니, 언젠가는 지붕을 고치고 급기야 집을 새로 지었다. 아버지도 없는 집에 돈이 어디서 났을까. 그렇게 친구네 집은 시간과 함께 변화를 거듭했다. 친구는 가끔 검고 달달한 초콜릿을 들고 와서는 마음껏 선심을 쓰곤 했다. 입에 범벅을 하고는 "이거 피부에 기가 막히게 좋다."라고 검증되지 않은 정보도 남발했다. 지금 생각해보니 초콜릿을 나눠주며 엄마 없는 설움을 위안했었나 보다. 그 집엔 엄마가 유럽에서 사왔다는 물건들이 가끔 낯선 풍경을 만들곤 했다.

몇 년이 지나자 친구의 엄마가 돌아왔다. 그리고 친구네는 근처 소도

시로 이사를 하였고, 선희네가 부자가 되었다는 소문이 돌았다.

　내가 조 감독을 만난 것은 그가 만든 파독인에 대한 기록영화, 『그리움의 종착역』을 보고 나서다. 영사기가 뿜어내는 뿌연 감흥 속에서 심연 속에 흐르는 그리움을 읽었다.

　이 영화의 무게 중심은 우리의 현대사를 관통하며 발전의 돛대를 달았던 파독 간호사와 그들의 고향이야기다. 조미료 잔뜩 친 미끈거리고 자극적인 냄새보다는 솔직하고 담백한 영상미가 인상적이다. 60~70년대 어려운 시기를 눈물의 빵으로 견뎠던 파독 간호사와 광부들의 삶이 배경으로 깔렸다.

　영화 속에는 남해 독일마을에 사는 파독 간호사 출신 세 명의 여성들이 등장한다. 한국에서 장남과 결혼해 딸을 낳았다고 구박하고 딴살림 차린 남자의 아내, 우자 슈트아루스 킴. 그녀는 과감하게 독일행을 택해 루트비히 슈트아루스 킴을 만난다. 영숙 타이스는 파독 광부로 떠난 남자친구를 찾아 파독 간호사로 갔지만, 유부남인 것을 알고 독일에서 새로운 삶을 개척하는 여성이다.

　영숙 타이스는 한국의 대학에서 간호학과를 나오고 광부로 독일로 떠난 남자 친구를 따라서 독일로 간 간호사였다. 독일에 가서야 애인이 유부남인 것을 알게 되고 깊은 절망에 빠진다. 그녀는 3년 안에 독일에서 안정적으로 정착하겠다고 결심한다. 본인의 돈으로 독일어 개인 지도를 받으면서 적극적으로 노력한 여성이다. 남편 아르민 타이스는 취미로 딴 소시지 자격증으로 독일마을에서 소시지 가게를 연다. 춘자 엥엘프리트는 두 딸을 둔 어머니지만, 남편의 무정함에 못 이겨 파독 간호사를 결심한다. 독일에서 친절한 빌리 엥겔프리트 씨를 만나 백년해로를 꿈꾼다. 세 부부의 다양한 눈을 통해 노년의 모습을 들여다보는 재미가 쏠쏠하다. 모두 실화다.

25년 전 유학생으로 독일에 왔다는 조 감독은 독일 프랑크푸르트에 살고 있다. 그는 유독 파독 간호사의 삶에 관심이 많았다. 그래서 종횡무진 한국과 독일을 오가며 그들을 추적한 후 다큐멘터리 영화를 제작했다.

그녀의 영화는 독감의 생채기를 꿰매주는 것에서 지나, 외국생활에 노곤한 나의 영혼마저 어루만져주었다.

이미 『full metal village(풀 메탈 빌리지)』라는 제목의 영화로 헤센 영화상, 슐레지엔 홀슈타인 영화제에서 최고 다큐 상을 거머쥔, 탄탄한 행보를 걷고 있는 재독 한인 여성감독. 게다가 명망 높은 막스 오필스 영화제에서 '막스 오필스 상'을 수상, 주목받는 한인감독이기에 코끝이 찡해지는 자부심이 일면서 말이다.

그녀는 기록영화로 대상을 안은, 이 영화제 28년의 역사상 처음 기록영화의 방점을 찍은 감독으로 평가받고 있다. 게다가 외국인 최초의 수상자라는 영예를 거머쥔 신예주다. 그녀의 질주는 거침없이 계속되었고, 두 번째 성공작 『Endstation der Sehnsuchte(그리움의 종착역)』를 낳는 쾌거를 올렸다.

그녀를 다시 만난 건 2011년 베를린영화제 때였다. 세 번째 영화에 몰입하고 있다고 했다.

알고 보니 어머니가 파독 간호사였다. 계약기간 3년만 채우고 한국으로 돌아왔다. 조 감독은 그때를 회상했다.

"어머니를 기다리고 있을 때 참 힘들었어요. 남들은 어머니가 있는데, 유독 나만 없는 거에요."

"엄마가 그리웠나요?"

"말로 다할 수 없이요."

갑자기 어린 시절, 초콜릿을 빨던 옆집 친구가 하나도 안 부러워졌다. 드디어 삶은 공평해진 것이다.

당시 파독 간호사로 차출되는 조건에는 나이 제한이 있었다. 힘들고 어려웠던 그때, 남편과 사별했거나 생활능력이 없는 젊은 간호사출신 기혼여성들도 독일행 비행기에 올랐다.

여든이 넘은 정순 할머니도 그런 경우다. 아이들 넷을 낳고 삶이 힘들자 돈을 벌고 자립하겠다고 독일에 왔다. 아이들 넷은 오롯이 할머니, 할아버지 몫이었다. 정순 할머니는 마흔이 다된 나이에 궂은 일을 도맡아 했다. 시체 닦는 일, 100kg가 다된 노인의 몸을 들어 올리는 일은 너무 힘들어 올고 싶었다. 된장국 한 사발을 들이마셔도 뼛속 깊이 스멀거리는 고향, 그리고 아이들 생각에 잠을 설칠 때가 한두 번이 아니었다. 고통을 이겨내는 방법은 단 한 가지. 빨리 돈을 벌어 한국으로 돌아간다는 결심을 매일 세우는 것이다. 그러는 와중 한국에 사는 아이들은 사춘기를 겪은 아이부터 서너 살 아이까지 모두 제각각 엄마 없는 허전함과 그리움을 삭혀야 했다. 그리움의 치유는 누구도 대신해 줄 수가 없었다.

조 감독의 영화 속에서 춘자 씨는 나지막이 이야기한다.

"고향에서 살다 보니 때로는 젊은 시절 살고 떠나온 독일이 또 그립기도 합니다."

그렇다면 진정한 고향에 대한 물음에 조금은 가닥이 잡힌다.

고향이 마냥 동경의 대상이라면 현실에 불만을 느끼기 쉽다. 고향은 마음에 마냥 간직하고 있는 것이 아닌, 현재의 삶에서 적극적으로 만들어가야 한다. 원초적 고향이 그립다고 어머니의 자궁으로 다시 들어갈 순 없지 않은가.

벚꽃은 떨어질 때 아름다웠어

가끔 생각한다. 봄이 와서 꽃이 피는 것인지, 꽃이 피어서 봄인지. 단지 인간인 나는 그 꽃을 보며 환희에 젖으면 그만이다. 아니 꽃과 봄을 동시에 음미하기 위해 서투른 질문 따윈 하고 싶지 않다는 자위다.

터키 인이 많이 사는 베를린 크로이츠베르그 지역을 찾았다. 그 지역 모든 곳이 그러하진 않는다. 고작 몇 미터만 그렇다. 벚꽃은 나보다 훨씬 먼저 도착해 있었다. 벚꽃을 보려고 갔다가 반짝이는 햇볕을 받아 공기와 함께 낙화하는 그들을 보았다. 꽃은 막 몽우리가 피어오를 때가 가장 아름답다. 흩어지는 바람에 자신의 몸을 던진 벚꽃의 향연은 자못 우울하기까지 하다. 두보가 낙화하는 벚꽃을 두고 썼다는 '曲江(곡강)'이라는 시가 생각난다.

一片花飛減却春(일편화비감각춘): 꽃잎 하나 떨어져도 봄빛이 줄거든

風飄萬點正愁人(풍표만점정수인): 수만 꽃잎 바람에 흩날리니 그 슬픔 어이하리

且看欲盡花經眼(차간욕진차경안): 눈앞에 저 수만 꽃잎 지는 모양 보면서

莫厭傷多酒入唇(막염상다주입진): 어찌 술 한잔 없을 손가!

江上小堂巢翡翠(강상소당소비취): 물총새 강변 누각에 작은 집 지어 살고

苑邊高塚臥麒麟(원변고총와기린): 호화롭던 옛 무덤 가 石像들은 이제 나뒹군다

細推物理須行樂(세추물리수행락): 세상 이치 그런 줄을 잘 살펴 즐기고 살 것이니

何用浮名絆此身(하용부명반차신): 어찌 헛된 명리에 묶여 살 일 있겠는가!

낙화하는 벚꽃을 보며, 두보가 생각하는 슬픔에 우울 한 스푼을 더 얹었다.

독일에 약 1천2백만 정도가 빈곤층에 속한다. 전체 인구의 14.5%다.

'평등을 위한 사회복지단체(Paritätische Wohlfahrtsverband in Berlin)서 제시한 2011년 독일의 빈곤층에 관한 보고서 내용을 보면, 빈곤층의 기준은 전체 가구당 평균수입의 60% 이하에 해당하는 경우로, 2010년에는 독신가정의 경우 월 826유로, 4인 가족의 경우 1,735유로 이하일 때 빈곤층으로 본다고 한다.

또한, 이주 배경 가정에서의 비율이 높아 2010년에는 전체 가구의 26%가 빈곤층에 속했다고 한다. 이주 배경이 없는 가정의 경우는 12%이다. 파독 1세대 중에서도 빈곤계층이 있다. 그들은 한인사회의 노출을 꺼리며, 외로운 삶을 이어간다.

크로이츠베르그 지역에 있는 알렉산드리네 거리를 지나 지하철을 향해 돌아서던 그때였다. 후미진 뒷골목에서 페트병을 줍는 한 노파를 만났다. 그는 내가 한국 사람인 줄 대번에 알아보았다. 한국인이 한국인을 알아보는 것은 핏줄의 당김이다.

그녀는 파독 간호사였다. '이렇게 사는 자신의 모습'이 창피해 숨어 산다는 그녀는 가난해서 먼 길을 떠났던 45년 전을 바로 어제 일처럼 기억해냈다. 맥주 캔에 인생을 담아 지난 세월을 후루룩 마셔버리곤 이내 쌉싸래한 뒤끝 인생을 토해냈다. 그녀는 맥주를 입이 아닌 가슴으로 마시고 있었다. 맥주의 거품이 입가에 번질 때 그녀의 인생이 거품 속에 녹아나는 것 같았다. 연금이 없어 국가가 주는 혜태으로 거우 생활을 한다는 그녀는 무척 지난한 인생을 살았다고 토로했다. 말을 하는 중간중간 기억을 상실한 건지, 아니면 무슨 충격 때문인지 웃다가 흐느껴 울곤 했다.

그녀는 60년대에 독일에 와서 돈도 악착같이 벌었다. 800마르크를 받아 이것저것 세금 떼고 388마르크가 남았는데 그중 380마르크를 한국 식구들에게 보냈다. 노동청에서는 그녀에게 '도대체 뭘 먹고 사느냐'고 질문할 정도로 그녀의 검약정신은 대단했다. 10년 동안 한국을 못 나갔다. 아니 안 나갔다. 비행기를 타고 떠나는 한국행이 공중에 뿌리는 사치라고 생각이 들어서다. 주말이나, 휴가 때면 다른 도시로 가서 병원 일을 했다. 돈 모으는 재미가 쏠쏠했다. 한국 부모님에게 돈을 보내고, 한국에

집도 두 채나 샀다. 돈에 야무진 동생에게 번 돈을 관리해달라고 일임했다. 그런 동생이 사업한다고 돈을 가져가더니 운이 나빠 부도가 났다. 형제라서 따지기도 어려웠다. 뒤늦게 결혼한 독일남자는 돈 한 푼 주지 않고, 독일여자랑 바람이 나서 떠났다. 모든 게 무지했다. 손을 쓸 수도 없이 당했다.

여기까지 이야기를 마친 그녀는 황급히 바람처럼 사라졌다. 잠시 후 그녀는 쓰레기통을 뒤집어 남이 버린 옷들과 신발들을 주워담고 있었다.

"여기서 좋은 거 많이 주워. 나, 옷 하나도 안 사입어. 당신도 와봐."

그녀의 입은 계속 웃고 있었지만, 눈은 허공을 향해 허우적거리고 있었다.

파독 간호사들을 만날 때마다 듣는 하소연이 있다. 난 그들보다 뒤늦게 독일에 온 죄로, 고국을 대표하는 사람처럼 그들의 항변을 듣곤 했다.

형제들에게 돈을 보냈는데 그들은 정작 세월이 흐르자, 독일에 간 누나를, 언니를 잊어버린 것이다. 남동생에게 꾸준히 송금한 어느 파독 간호사 어르신은 부모님 장례식 후 회의를 하는 자리였는데, 올케가 하는 말을 듣고 충격을 받았다고 했다.

고모님이 "너희 누나가 독일에서 보내준 돈으로 형제들이 잘살 수 있었다."라고 하자, 옆에 앉은 올케가 "사실 그 돈 얼마 되지 않았고, 전혀 도움도 되지 않았다."라고 이야기했다는 것이다.

자신은 독일에서 쓰지도 않고 아껴서 보낸 돈이었는데, 정작 한국에
서는 생색 내지 말라는 식으로 일축하고, 잊어버린 과거의 페이지쯤으
로 생각하는 것이다. 오히려 돈을 보낸 안타까운 마음까지도 왜곡되는
느낌이었다.

매달 받는 연금으로 월세 내기도 빠듯해 근근하게 살아가는 파독인
들이 많은 이유도 젊은 시절 한국에 목돈으로 보낸 돈 때문인 경우가
많다. 크로이츠베르그의 노파는 힘든 생활을 내보이기 싫어 한인사회에
도 얼굴을 비추지 않는다. 그저 죽음이 자신을 재촉할 때까지 이방인의
인생을 묵묵히 걸어가는 것이다.

돌아오는 길에 뭔지 모를 '죄책감'이 스멀거렸다. 노파가 벌어들인 돈
으로 7080세대인 우리는 풍요의 시대를 걷게 되었다. 나는 옴니버스 영
화를 보듯 노파와 그 시대 다른 사람들의 생을 생각했다.

심드렁하게 생각했던 먹고 사는 문제가 새롭게 이념으로 다가왔다.
마음이 복잡해졌다. 갑자기 노파가 마셨던 차가운 독일 맥주가 생각났
다. 그녀 곁에 더 가까이 가고 싶어서다.

 나는 독일맥주보다 한국사람이 좋다

꿈이요? 가족이 함께 사는 거죠

큰아이가 초등학교 4학년이 되자 상급학교를 알아보기 시작했다.

독일은 우리나라와는 달리 인생의 방향이 초등학교부터 결정된다. 대부분의 도시(베를린만 6학년을 마친 후)는 초등학교 4학년을 마치면 상급학교로 진학한다. 초등학교 졸업 후에는 대학준비학교라 할 수 있는 김나지움, 실업학교인 하우프트 슐레와 레알슐레, 종합학교인 게잠트슐레(Gesamtschule)로 나뉜다. 독일은 마이스터 제도 등을 통해 직업학교에 대한 열망도 높지만, 점점 대학 졸업에 대한 욕구가 강해지는 것이 사실이다.

2011년 포쿠스(Focus)가 소개한 직업에 따른 평균 연봉에 따르면 병원 일반전문의가 연봉 8만 2천 유로(한화 약 1억 3천만 원)이고, 변호사가 8만 유로, 유치원 교사는 약 3만 2천 유로(약 4천 5백만 원), 미용사가 약 1만 5천 유로(약 2천 2백만 원) 등으로 나타났다. 이렇듯 학력에 따른 직업군과 연봉에 차이가 있기에 점차 학력에 대한 열망이 높아지는 것이 사실이다. 우리와 비교해보면 연봉의 차이가 그리 심한 것 같지 않아 보인다. 하지만, 점점 직업군마다 대학 졸업자를 원하는 경우가 많아 자연 김나지움 입학에 대한 경쟁률도 치열해지는 편이다. 물론, 레알슐레나 하우프트 슐레를 통해서도 대학 입학의 길이 있지만 쉽지 않은 편이다. 이런 양상이다 보니 교육에 열성적인 부모들의 경우 김나지움에 보내기 위해 미리부터 질 좋은(?) 김나지움 물색에 나서기도 한다. 성적이 좋지 않은 경우 사립학원이나 과외를 물색하기도 한다. 학교 근처에 홍보지를 뿌리는 사립 과외학원들이 눈에 띄는 것도 요즘 독일의 달라진 양상이다. 물론, 사교육에 핏대를 세우는 우리의 현실과 견줄 만큼은 절대 아니다.

베를린을 예로 들면, 일반 김나지움의 경우 공립과 사립으로 나뉜다. 공립은 일단 학비가 무료다. 공립 김나지움은 초등학교 선생님의 추천서가 필요하다. 추천서는 선생님이 판단했을 때 김나지움에 입학할 수준의 학력인지, 아이의 적응도 등을 고려해 부모와 협의를 거쳐 작성한다. 또한, 4학년 1학기 성적표를 첨부해야 한다. 독일의 학제는 9월부터 시작되기에 다음 해 1월 말경(2011년의 경우) 1학기의 수업이 끝난다. 일주일 방학 후 2학기가 시작되어 여름방학 전에 학년이 마무리된다. 성적표는 초등학교 1학년부터 2학년까지는 각 학업 분야별로 세세한 조항에 아이들의 참여 및 성취도를 표시한다. 물론 숫자로 표기된 점수는 없다.

3학년과 4학년은 좀 더 단순하면서도 명료하다. 1점에서 4점이나 5점까지 나뉘어 1점은 '아주 잘함', 2점은 '잘함', 3점은 '보통', 4점은 '좋지 않음'이다. 베를린 김나지움의 경우 4학년 1학기 성적이 최소 2점 이상은 되어야 김나지움에 명함이라도 내밀 수 있다. 요즘에는 경쟁률이 치열해지면서 학교마다 재량껏 시험을 치르는 곳도 있다. 능력 있는 학생을 선택하기 위해 자체적인 시험을 치러 우수한 학생을 모시고자 하는 의미이다.

사립 초등학교는 부모 수입에 따라 학비가 결정된다. 보통 공립 초등학교보다 다소 빨리 지원서를 받는다. 크리스마스 휴가 후 다음 해 9월 신학기 입학을 위한 지원서를 제출한다. 베를린의 명문 김나지움인 그라우에 클로스터 김나지움(Graue Kloster Gymnasium)의 경우 초등학교 1학년부터 3학년까지의 성적표를 요구한다. 또한, 지원서에는 초등학교에서의 기독교 종교수업 참여성적과 부모의 종교세(독일에서는 국가적으로 종교세를 교부한다) 여부 등이 포함되어 있다. 이러한 입학원서가 제출되면 다음은 교장선생님과의 면담이 주어진다. 우리나라와 다른 입학전형의 모습이다. 면담에서는 교장선생님이 아이를 직접 대면해 아이의 성향을 파악한다. 특히 아이의 성향이 해당 학교에 잘 맞는지 체크하게 된다.

이곳에 온 한국 부모들은 대부분 자식들을 대학까지 교육시키고 싶어한다. 대리만족의 단면이기도 하다.

최 씨는 파독 간호사의 딸이다. 열일곱 살에 독일에 왔다. 겨우 9살이 될 무렵에 어머니는 집안을 일으켜보겠다고 비행기를 탔다. 아버지는 술주정뱅이였다. 여섯 명이나 되는 자식들을 먹여 살리기 위해 71년 서른여섯의 어머니는 막내 여동생이 태어난 지 6개월이 채 못되어 독일로 떠났다. 어머니가 떠난 후 아버지는 술을 드시고는 실수로 물에 빠져 어이없이 세상을 떠났고, 아이들은 할머니 손에 자랐다. 잠깐 고모 집에서 살았던 최 씨는 지하 골방에서 살았던 때를 회상했다. 고모는 제주도에 과수원도 있고 저택을 가진 부자였다. 하지만, 그녀는 독일에서 보내온 어머니의 돈을 가로챘고, 최 씨 형제들을 노예처럼 부려 먹었다. 어린 남동생은 걸어서라도 엄마를 찾아가겠다고 걸핏하면 울부짖었다.

그런 상황도 모르는 어머니는 독일에서 8년 동안 미친 듯이 일했다. 주중에는 물론, 남들이 쉬는 주말에도 일자리를 찾아 하이에나처럼 돈을 벌기 위해 병원으로 향했다.

최 씨는 유신이 극에 달하고 박정희 전 대통령이 서거한 해, 마치 한국 상황을 피하기라도 한 듯 독일에 왔다. 세상은 온통 방황기였다. 어머니의 초청으로 독일에 온 최 씨는 오자마자 사춘기의 방황 속으로 빠져들었다. 어머니는 그녀를 채근하기 시작했다. 독일에 온 지 6개월도 안 된 때였다.

"이곳에서 성공하려면 김나지움에 입학해서 대학을 가야 해."

독일어 실력과는 상관없이 무리하게 김나지움 10학년에 들어갔다. 가

톨릭 봉사단체인 카리타스(Karitas)에서 1.5세 독일어 수업이 있었다. 그녀와 같은 처지의 한국인 아이들이 무려 40명이나 되었다. 모두 자신보다 어린 아이들이었다. 한동안 무언가를 찾기도 어려웠다. 김나지움 교장선생님과 면담 끝에 김나지움 다닐 실력이 아니라는 결론을 얻었다. 기술학교인 레알슐레에서 2년을 공부했다. 이후 다시 김나지움에 들어왔지만, 학교생활도 적응하기 힘들었고, 학교 공부를 따라가기도 버거웠다. 오히려 한국에서 6남매가 일가 친척집에서 따로 떨어져 살았던 힘겨운 기억을 아름답게 추억할 정도였다. 결국, 그녀는 김나지움을 그만두었다. 어머니는 최 씨에게 결혼이나 하라고 다그쳤다. 어릴 때부터 어머니의 비참한 결혼생활을 보고 결혼을 서두르지 않겠다고 작심했던 최 씨였다.

1년의 방황기를 거쳐, 그녀는 아우스빌둥(직업교육)을 하게 되고 임상병리사가 되었다. 세월이 흘러 지금 그녀는 김나지움 12학년, 8학년 남매의 어머니가 되었다. 30여 년 전 어머니의 채근을 자신이 어머니가 되고 난 후에야 이해할 수 있게 되었다. 그녀 또한 아이들이 되도록 자신의 학업에서 최선을 다하고 잘해나가길 바란다. 그러면서 그녀는 자못 볼멘소리로 이야기한다.

"그때 어머니가 조금 더 날 잡아주었더라면 대학에 들어갔을 텐데……. 어머니는 그때 자신의 일에도 치여서 자식들을 돌볼 새가 없었어요. 먹고 사는 것이 힘들다 보니 교육에는 이미 지쳐버린 거죠."

처음엔 어머니의 강요가 싫었으면서노 돌아서 보니 디 붙잡아주었으면 하는 아쉬움이 남는다고, 사람은 참 간사한 동물이라며 혀를 끌끌 찬다.

그녀에게 어릴 적 꿈을 물었다.

"꿈이 없었어요. 한국에선 엄마, 아빠랑 함께 사는 아이들이 그렇게 부러울 수가 없었어요. 돈이 없어도 부모님과 함께 사는 것이 제 유일한 꿈이었죠. 그래서인지 지금 제 아이들은 언제나 부모의 둥지에 두려고 해요. 아이들 건강하고 공부 잘하고, 우리 부부 둘 다 일을 해 돈 걱정 안 해도 되니 좋아요"

어쩌면 그녀는, 자식만큼은 가난을 물려주고 싶지 않은 어머니의 꿈을 이뤄주었는지 모른다. 지천명의 나이의 그가 한없이 여유로워 보이기에 그렇다.

독일에서 김치를 먹는다

한국에서 온 지인들이 대표적인 독일 음식에 대해서 물으면 사실 머 뭇거린다. 쿠리 부어스트(소시지에 커리소스를 얹은 분식, 우리 식으로 보면 떡볶이쯤으로 해두자.) 박물관도 있고 거리마다 쿠리부어스트 길 거리 분식집도 있으니, 그들을 대표음식이라고 할까? 독일 음식이 빈약 하다고 이야기하면 빈축을 살까? 그래도 독일 맥주가 유명하니 보상받 은 걸로.

독일과 거리상 가까운 인근 프랑스만 해도 요리 하면 세계 최고를 자 랑한다. 게다가 2010년엔 세계 최초로 프랑스 음식이 유네스코 문화유 산으로 등록될 정도다. 그에 비해 정치적인 경쟁국인 독일의 음식문화 는 그다지 갱생의 길을 걷진 않은 것 같다.

밖으로 나와보니 오히려 한식에 대해서 투사적이라 할 만큼 정열적이다. 특히, 김치에 대한 갈구는 생물학적 본능처럼 자연스럽다. 신체 중에서 입이 가장 철저한 국수주의라고 하지 않는가!

가까운 매장 리들(Lidl)에 가면 취나콜(China Kohl)이라는 이름으로 배추가 놓여 있다. 1kg에 1.29유로 정도 하니 우리 돈으로 환산하면 2,000원이 조금 못된다. 김치를 좋아하는 가족 구성원 탓에 김치 담그는 날이면 리들 가판대의 배추들이 자취를 감춘다. 사재기처럼 쓸어오기 때문이다. 독일에 와서 생애 처음으로 김치를 담던 날, 내가 대견스러워 눈물까지 흘렸다. 김치 담그는 일은 어머니가 하는 가장 위대한 성역이라고 생각했기에 김치 만들기는 어머니로서의 정식승진이나 마찬가지였다. 숙련된 노하우가 없는 탓인지 김치 만들기는 늘 실패를 거듭했다. 너무 짜거나 싱겁거나, 고춧가루가 적어 히멀건하거나 고춧가루를 많이 넣어 너무 진하거나.

언젠가 한인 분의 초대를 받은 적이 있다. 겨우 스물한 살에 간호사로 독일에 오셨다는 그분은 김치 담는 솜씨가 돌아가셨던 내 외할머니의 오래 묵은 솜씨를 닮았다.

"아니, 살림도 안 해보고 독일에 오셨을 텐데, 어떻게 이렇게 잘 담그세요?"

그것도 독일분과 결혼한 분이기에 궁금증이 치밀었다.

"살다 보니 이렇게 되네. 여기서 아무리 오래 살아도 빵보다는 밥이고 김치야. 김치 먹고 싶은 마음은 가시지 않아."

그분이 처음 독일에 올 당시엔 배추가 매장에 없었다. 양배추를 절여 고춧가루에 버무리는 것으로 김치에 대한 애환을 달래는 것이 전부였다. 그 당시엔 음식 때문에 웃지 못할 헤프닝도 많았다고 한다. 어느 날 집으로 돌아와 보니 문 손잡이에 쪽지가 걸려져 있었다. 한 마디로 마늘 냄새 때문에 힘들다는 위층 아줌마의 쪽지였다. 이후엔 김치를 만들어 직접 그 아줌마에게 건넸다. 처음엔 맵다고 손사래 치던 아줌마는 건강식이라는 말과 김치의 깊은맛에 금방 매료되었다. 결국, 그 아줌마는 김치 마니아가 되어 직접 만들어 먹는 경지에까지 이르렀다고 한다.

처음 독일에 한국 배추를 들여온 사람은 광부들이라고 한다. 문익점의 목화씨 생각이 난다. 누군가 보내온 배추씨앗을 심고 다양한 실험을 거쳐 고유한 우리 배추를 생산해냈다.

독일 중서부 아헨시 외곽에서 아헨농장을 경영하는 장 씨는 한국 채소를 재배하는 농부다. 가끔 트럭을 타고 각 도시 한인들에게 배추나 총각무, 열무 등을 보급하는 그분에게서 채소를 산 적이 있다. 무가 암팡지고 배춧속도 좋아 김치 담그기에 제격이었다. 2006년에 독일 월드컵 한국대표팀도 그가 공급한 배추와 야채로 담근 김치를 먹었다.

장 씨는 파독 광부 출신으로 10년 넘게 농지를 임대해 농사를 짓고 있다고 한다. 3년만 일하고 돈 벌어 한국 가려는 마음으로 살다 보니 어영부영 40년을 훌쩍 넘겨버렸다.

그가 재배하는 한국 채소는 독일 한인사회의 고향의 맛을 느끼게 하는 모태다. 독일 땅에 한국 배추를 심고 한국의 맛을 거둬들이는 장 씨는 독일 교포들의 향수를 어루만지는 농부다.

음식에 대해 이야기를 하자니 또 우스개 이야기가 생각난다. 언젠가 드레스덴에서 유학하는 후배가 놀러 와서 직접 겪은 이야기를 들려주었다.

옛날 작센 제국의 수도였던 드레스덴은 고풍의 미가 돋보이는 도시였다. 하지만, 2차대전으로 말미암아 도시 전체가 폐허가 되다시피 했다. 그때 집 지하실에 숨어 있던 많은 독일인이 폭격에 맞아 불에 타 숨졌다고 한다. 그래서인지 나이 드신 분들은 사람들의 타죽은 냄새를 아직도 기억해 악몽에 사로잡힌 적이 많다고.

한 번은 후배 녀석이 친구들과 만나 오랜만에 한국에서 공수해온 마른오징어를 렌즈에 구워서 먹고 있었다고 한다. 아마도 독일 맥주에 오징어의 환상적인 조화를 실험하고 있었는지 모른다. 사실 오징어 냄새가 우리같이 익숙한 사람들에게는 구미 당기는 향이지만, 독일인들에게 다소 엽기적인 냄새라는 것을 익히 안다.

오징어를 맛있게 시식하던 중 벨이 울려 나가보니 삼엄한 분위기를 띤 독일경찰이 몇 명 서 있더란다.

요지는 '아래층에서 신고가 들어왔다. 위층에서 시체 타는 냄새가 난다'는 것이다.

독일은 신고정신이 탁월하다. 범법행위에 대한 사회전반적인 의식이 팽배하다. 이날도 전쟁을 겪었던 할머니가 위층에서 시체 타는 냄새가 난다고 신고했다는 것이다. 그것도 2차대전 때 지하실에서 폭격으로 학살되었던 시체들의 냄새 같다고 하면서 말이다.

마침 독일어를 능통하게 하는 2세가 있어서 장황하게 설명하니, 독일 경찰이 한 번 먹어보자며 달려들었단다. 너무 황당한 얘기였는데, 전쟁의 비운이 낳은 가슴 아픈 일화인 것 같다. 그 뒤로 그 후배는 절대로 오징어를 구워먹지 못한다는 낭보를 전했다. 그저 맥주에 땅콩을 먹는 것으로 만족하고 있다고 한다.

농장에서 재배한 채소들로 만든 김치가 냉장고 속에서 익어간다. 이젠 집에서 김치를 만드는 재미가 쏠쏠하다. 배추를 버무리며 인생을 버무린다. 이국생활이 주는 강렬한 스트레스도 빠알간 양념에 묻어버리고 훌훌 털어버린다. 내 삶의 찌꺼기들은 믹서 속 양념처럼 깨끗하게 갈아버리고 까나리 액젓 국물에 깨끗이 털어낸다. 게다가 절이는 시간을 통해 인내와 기다림을 배운다. 지금 해야 할 것과 멈춰야 할 것을 배운다. 김치 담그는 과정은 인생철학을 느끼게 하는 귀중한 시간이다.

현재 난 아직 설익은 김치지만, 시간이 흐르면 맛이 삼삼하게 밴 맛있는 김치가 될 것을…… 내 인생의 나이테가 늘어갈수록 삼삼한 맛이 우러나오는 맛있는 김치 같은 사람이 되기를 소망한다.

독일에도 무궁화꽃이 피었습니다

　나의 어머니는 꽃과 나무에 열광하신다. 인터넷 팬클럽 카페만 없을 뿐이지, 가히 광팬 수준이다. 백합이며, 수선화며, 채송화며 집 앞 정원 가꾸기를 게을리하지 않으셨다. 나의 유년시절 우리 집 마당은 작은 꽃바구니였다. 마당 한켠엔 배나무가 작은 그늘을 만들어주었고, 평상 위를 가로지르는 포도 넝쿨들이 여름을 채색하기에 바빴다. 우리는 어머니가 가꾸어 놓은 다디단 초록의 감흥을 즐기곤 했다.

　"아이고 이쁜 내 새끼들!" 하시며 화초를 만지는 모습은 각양 꽃들이 모이는 꽃마을 유치원 교사처럼 보였다. 게다가 하모니카로 「과수원 길」, 「오빠 생각」을 읊으며 감상에 젖곤 하신다.

　어느 날인가 어머니는 어디서 업어 오셨는지 자그마한 묘목 하나를 봉지에 고이 담아오셨다.

　"우리 딸, 이게 뭔지 알아? 무궁화란다. 우리나라 제일의 꽃이지. 이게 생명력도 강하고 꽃이 피면 환장할 정도로 예쁘단다."

어머니는 그 어린나무를 바라보며 상념에 젖으신 듯했다. 사실 내 눈에 보기엔 그저 교과서에서 읽은 국화(國華)에 지나지 않았다. 외할아버지가 좋아하셨던 꽃이란다. 일제 강점기 시절 감옥에서 고초를 겪으셨던 외할아버지의 앙상한 모습이 떠오르는 듯했다.

질투가 느껴질 만큼 어머니는 어린 무궁화에 깊은 애정을 쏟았다. 무궁화는 어머니의 사랑을 마음껏 빨아들였는지 다른 화초 아이들보다 하루가 다르게 무럭무럭 자랐다. 8월쯤에 꽃이 피는 무궁화는 그 자태가 고아해서 여염집 규수를 연상케 한다. 내면에서 풍기는 강인함이 여린 꽃 속으로 스멀스멀 파고드는 것도 같고, 꼭 우리 어머니 같다.

박 씨와 이 씨는 파독 광부와 간호사 부부다. 장남과 장녀로 태어나 그야말로 생활고로 독일에 건너와 이곳에서 가정을 이뤘다. 남편 박 씨는 3년 계약으로 광산에서 일하다가 파독 간호사 아내와 결혼해 터전을 마련했다. 하지만, 박 씨는 언제나 고국에 돌아갈 마음을 품었다. 돈을 좀 더 벌어서 가야지 했던 시간이 10년이 지나면서 박 씨는 초조해졌다. 월남전에 파병되어 갖은 고생을 다했던 그는 떠돌이생활을 청산하고 고국에서 삶을 보내고 싶어했다. 그래서 짐을 꾸렸다. 가버린 봄이 다시 찾아오는 것처럼 다시 시작할 수 있다고 생각했다. 단지, 처음의 자리로 돌아가는 것을 두려워하지만 않는다면 말이다. 독일 올 때는 혼자였지만 돌아갈 때는 아내와 아들, 딸 네 식구로 불어났다. 15년 사이에 한국은 몰라보게 달라졌지만, 박 씨는 '고향'이라는 어감 자체가 좋았다. 하지만, 돌아온 고국은 호락호락하지 않았다. 모았던 돈도 사업투자에 쓰다 실패해 모두 탕진했다.

그가 정작 두려웠던 것은 낯선 것이 아닌, 익숙한 것이었다. 익숙하다고 생각한 것이 그들에겐 충격이었고 두려움이었다.

결국, 2년 만에 그들은 다시 독일에 오게 된다. 의외로 이곳에서 사는 분들이 한국을 돌아갔다가 다시 독일로 온 경우가 많다. 아마도 익숙하다고 생각했기에 방심했는지도 모른다. 고국에서조차 이방인이라는 공허함에 자꾸 어깨가 움츠려졌다고 했다. 독일로 돌아와 작은 가게를 열고 안 해본 일 없이 닥치는 대로 일을 시작했다. 그리고 20년이 훌쩍 지나갔다. 박 씨는 그렇게 모질게 돌아온 독일이지만, 다시 고향에 돌아가 삶의 마지막을 보내고 싶다는 소망을 아직도 버리지 않았다.

그들의 눈물겨운 적응기는 40년이 지난 지금, 이마의 주름살과 회한이 증명해준다. 그들은 집과 떨어진 곳에 작은 '슈레버가르텐(주말농장식의 작은 정원)'을 가지고 있다. 그곳엔 태극기가 펄럭이고 무궁화 꽃이 만개해 있다. 고국을 그리워하는 남편의 정성이 배어 있다.

"항상 고향을 그리며……, 태극기 문양만 보아도 가슴이 뜨거워지더구만. 근데 정작 한국에 사는 사람들은 그렇지 않은 것 같아. 요즘 젊은 애들에겐 개념과 가치관이 없어보여. 노파심이겠지만 자꾸만 불안해져."

그는 자꾸만 이야기하다 말고 무궁화에 시선을 던진다. 문득 무궁화의 속성과 닮았다는 생각이 든다. 모든 악조건에서도 굴하지 않고 같은 자리에서 피어나 번식하는, 인내하며 견디는 1세대의 이미지와 같다. 내 눈의 렌즈가 무궁화를 따라가면서 난 또 다른 필터 속의 세상을 본다.

Part 3

이해보다 공감을

중요한 문제는 언제나 전 생애로 대답한다네

　미국에선 죄수를 사형하기 전에 마지막으로 먹고 싶은 음식이 무엇인지 물어본다고 한다. 교도소 측은 그 요구에 맞춰 마지막 음식을 제공하는 관습이 있다는 것이다.

　아이를 성폭행한 후 살해한 혐의로 사형을 당한 로버트 부엘은 검은 올리브 한 알을 달라고 했고, 누군가는 사탕 한 봉지를 마지막 식사로 요구했다. 이상한 식사를 요구한 경우도 있었다. 오델 반스 주니어라는 사람은 세계 평화와 평등, 정의를 가져다 달라고 주문했다. 그의 식사 요구는 받아들여지지 않았다. 물론, 그들에게 특별한 식사였을 것이고 나름의 의미가 있었지 않았을까. 마지막 죽는 마당에도 요리사를 황당하게 만들기 위해, 아니면 유머를 발휘하기 위해 그런 특이한 주문을 할 만큼 여유가 있지 않을 것이다. 사형수의 마지막에 작은 식사라도 그들이 요구하는 것을 제공하고자 하는 교도소 측의 배려가 이색적이다. 아무리 잔인한 사형수라도 마지막은 이렇듯 관대하다. 생명이 끝나는 마지막, 호흡이 멈추기 전 던지는 말도 마찬가지다. 사형수에게도 마지막 하고 싶은 말을 묻는 것도 마지막이 주는 애틋함일 것이다.

해를 거듭하면서 파독 1세대 어르신들이 점점 세상과의 이별을 고한다. 누군가 시대 속에 사라져가는 존재이며, 잊혀간다는 것이 가슴 아프게 다가온다. 그들의 마지막이 외로웠다는 뒷이야기들도 가슴을 때린다. 내가 가장 궁금한 것은 이국땅에서 삶을 마감하는 그들의 마지막 유훈은 무엇일까. 가장 아름다운 마지막 말은, 역시 누군가에게 던지는 사랑과 화해의 말이다. 마지막은 모든 허물을 덮는다.

우리나라 사람들은 대체로 표현력이 부족하다는 말을 듣곤 한다. '침묵이 금이 아닌 돌'이 되는 독일사회에서 40년 이상을 살아도 역시 침묵은 한국 남성의 자화상이다. 침묵만 하면 좋으련만, 위계질서 속에 교육받아온 어르신들은 자녀 훈육을 이유로 통제하기도 한다. 그래서 1세와 2세 간 소통의 어려움을 호소하기도 한다.

가족(Family)이란 단어의 어원을 유추하면, '아버지, 어머니, 나는 당신을 사랑합니다 (Father And Mother, I love you)'의 첫 글자를 합성한 것이라고 한다. 부모님과 자식 간의 사랑이 가족의 바탕을 이룬다는 의미이다. 세파에 차여 넘어졌다가도 다시 일어날 수 있는 것은 가족의 힘이다. 그래서 결국 생의 마지막에 가장 가까운 이, 가족과의 만남과 소통을 기대하는 것이다. 더 나아가 사랑한다면 표현하는 것이 소통의 한 방법이다.

중요한 문제들은 결국 언제나 전 생애로 대답한다네. 그동안에 무슨 말을 하고 어떤 원칙이나 말을 내세워 변명하고, 이런 것들이 과연 중요할까? 결국, 모든 것의 끝에 가면, 세상이 끈질기게 던지는 질문에 전 생애로 대답하는 법이네. 너는 누구냐? 너는 진정 무엇을 원했느냐? 너는 진정 무엇을 할 수 있었느냐? 너는 어디에서 신의를 지켰고, 어디에서 신의를 지키지 않았느냐? 너는 어디에서 용감했고, 어디에서 비겁했느냐? 세상은 이런 질문들을 던지지. 그리고 할 수 있는 한, 누구나 대답을 한다네. 솔직하고 안 하고는 그리 중요하지 않아. 중요한 것은 결국 전 생애로 대답한다는 것일세.

— 산도르 마라이, 「열정」 —

언젠가 한국의 모 방송프로그램에서 노인 한 분이 가족을 찾는 것을 본 적이 있다. 그는 어릴 적 이야기를 털어놓았다.

"아주 어릴 적 아버지가 시장에서 고무신을 한 켤레 사오셨어요. 그 당시엔 고무신이 대단히 귀한 신발이었어요. 금이야 옥이야 신발을 아꼈던 저는 그날도 냇가에 가서 고무신을 씻고 있었어요. 그러다 고무신 한 짝을 놓쳐버렸습니다. 고무신을 따라 냇가를 내려가다 보니 밤이 어둑해졌고 전 다시 집으로 돌아올 수가 없었습니다."

50년 동안 찾지 못한 가족을 만날 수 있지 않을까, 용기를 낸 터였다.

방송을 본 그의 형이 전화를 걸어왔고, 그들은 드디어 가족의 이름으로 다시 만났다. 하지만, 그렇게 찾고 싶고 보고 싶었던 아버지와 어머니는 이미 저세상 사람이 되었다.

방송에 출연한 노인은 신발을 찾아 강물 따라 따라가다 보니 세월을 흘려보내게 되었다며 흐느껴 울었다. 마르셀 프루스트의 '잃어버린 시간을 찾아서'에서처럼 그 노인은 생의 50년을 놓친 셈이다.

오동잎이 한 잎 두 잎 떨어지면 우리들의 가슴에 가을이 온다는 선언이다. 귀밑에 하얗게 서리가 내리고 먼지 같은 세월이 켜켜이 쌓이면 인간은 어느새 초라하고 보잘것없는 육신으로 변해 있다.

마지막에야 쓰러져가는 관계성을 회복하는 것이 아쉽다. 그 잃어버린 시간이 아까워 눈물지어도 결코 시간은 되돌릴 수가 없다. 그래서 오늘이 소중하다. '현재를 즐기라'는 라틴 어 카르페디엠은 이럴 때 쓰는 말일 것이다.

여행가방에 무엇이 들어 있나

아이들은 칫솔과 장난감 곰으로 항해를 준비한다. 세계 일주여행을 위해 짝이 맞지 않는 양말 한 켤레, 소라껍데기 하나, 온도계 하나로 무장하는 것이다. 책들과 돌멩이들, 공작새의 깃털, 막대사탕, 테니스공, 더러워진 손수건, 그리고 낡은 실타래 같은 것들이 아이들에게는 여행에 없어서는 안 될 것으로 보인다.

— 존 치버, 「진의 슬픔」—

일찍 저녁상을 물리고 이불 속에 파고들었지만 덕심의 눈은 부엉이마냥 또렷하다. 사방으로 열린 들창 사이로 5월의 바람이 살랑거린다. 내일이면 고향을 떠나는 날이다. 소풍 가기 전 설렘과는 사뭇 다르다. 이제 스무 살이다.

그녀에게 스무 살은 요즘의 청춘들처럼 황금기라고 하기엔 그 어깨의 짐이 무겁기만 하다. 한 마디로 그녀의 스무 살은 로버트 풀검의 말처럼 '희망이 경험을 이기며, 슬픔을 치유하는 길은 웃음뿐'이라는 것만 아는 철부지였다. 그저 좋아지리라, 생각하며 하루하루를 사는 것이 최선이었다.

그날 저녁, 평소에는 볼 수 없었던 계란찜이 상 위에 올랐다. 사각사각 잘 익은 열무김치가 입맛을 돋우고, 호박지짐이 위장을 유혹하지만, 오늘은 평소 같지 않게 입맛이 의뭉스럽다. 오랜만에 쌀밥도 잘 지어졌다. 줄줄이 굴비 엮어놓은 듯 앉아 있는 동생들의 눈이 휘둥그레진다. 아버지의 숟가락이 하늘로 치솟자마자 일제히 동생들의 손가락이 계란찜으로 향했다. 덕심은, 심청이 인당수에 제물로 바치기 전 아버지께 올린 진지를 떠올렸다. 고개를 저었다.

'내가 뭐 죽으러 가는감?'

여름 한낮의 모란시장 골목엔 뜬금없이 바람이 불었다. 고개 너머로 일찌감치 시집간 순자도 오고, 새침데기 영희도 왔다. 셋이 모여 시장 한 가운데 순댓국집에서 밥을 말아 먹고, 오랜만에 시장구경에 나섰다. 그동안 눈요기로만 보았던 꽃무늬 미니스커트가 이십을 갓 넘긴 처녀들의 심장을 후루룩 삼켜버렸다. 떠날 그곳이 춥다고 해서 처음으로 예쁜 꽃무늬 내복도 샀다. 그날은 톡톡히 주머니를 털었다.

딸이 마실 나간 사이 덕심의 어머니는 딸의 여행가방을 주섬주섬 챙기느라 부산하다. 시집 보내야 할 나이에 먼 이국땅으로 볼모로 보낸 죄인 같아 마음이 쓰렸다. 가난이 이유인 것을.

'유럽이 찬말 있는가 벼?'

평생 동네 십리 길을 벗어나 본 적 없는 어머니는 비행기로 이삼일 길을 간다는 그 먼 나라에 큰딸을 보낸다는 생각에 애간장이 탔다.

"니가 이젠 아들 노릇을 해야 할 것이여."

늙은 아버지는 그렇게 덕심에게 당부했다. 아버지는 농사일에 다친 허리를 펴지 못해 내년부터는 그나마 소작으로 지은 농사도 못 지을 판이다. 어떻게든 큰딸에게 희망을 거는 것이다. 그게 대안이다.

"그래도 3년 뿐인께……. 가난한 게 죄여."

어머니의 눈물샘이 마구 터져 나왔다. 덕심의 가방은 어머니의 눈물이 섞여 더 무거워졌다.

어린 시절 이웃집 아저씨는 베트남 전쟁에 참전하고 막 돌아오자마자 또 짐을 쌌다. 중동 사막지역 건설현장으로 일하러 가기 위해서다. 나의 어머니와 절친이었던 아저씨의 아내는 내 어머니의 어깨에 얼굴을 파묻고 흐느껴 울었다. 가난이 죄였다. 삼십도 채 안 된 고운 아주머니는 2년만 참으면 번듯하게 살 것이니 기다리라는 남편의 말을 철심처럼 믿었다. 아저씨가 떠나는 날 동네는 울음바다였다. 울음이 번져서 오후께는 비까지 내리쳤다.

'죽으러 가는 것도 아닌디, 뭘 다들 그런감.'

아저씨는 애써 태연한 척 뒤도 돌아보지 않고 고향을 떠났다. 2년 동안 떠날 인생의 여행가방 안에는 처음이자 마지막으로 아내와 어린 아이들 네 명이 함께 찍은 흑백사진이 들어 있었다. 흑백사진의 표정은 '찰칵'의 순간이 가장 행복했을 것처럼 다들 행복해 보였다. 고운 한복을 입은 아주머니는 그날 세상에서 가장 사랑스러운 아내였고, 아이들은 남부러울 것 없는 귀염둥이로 보였다. 사진 어디에도 가난의 흔적은 없었다.

2년이 지난 후 아저씨는 돌아왔다. 말기 암이었다. 돈이 가득 든 가방이 아닌, 몸속에 '위암'이라는 중병을 짊어지고 말이다. 남편은 2년 동안 가족사진에 얼굴을 묻고 고국으로 돌아올 날만을 기다렸다고 한다. 가끔 아내가 보내준 소소한 편지들은 하루를 살아가는 버팀목이었다. 아내가 보낸 편지와 흑백사진엔 눈물자국이 커다란 주름을 만들고 있었다.

독일로 떠나는 덕심의 20kg 비행기 가방 안에는 꽃무늬 내복, 멸치볶음, 미숫가루, 고춧가루, 한주먹만 한 쌀이 들어 있었다. 1971년 덕심과 함께 비행기를 탄 파독 간호사는 300여 명이었다. 비행기 안은 미묘한 감정의 소용돌이가 느껴졌다. 설렘과 기대, 그리고 서글픔과 아쉬움. 비행기가 이륙의 굉음을 울리자마자 지난 이십여 년의 시간이 주마등처럼 스쳐 지나갔다. 그리고 고단한 기억들은 추억으로 간직하고, 앞으로의 계획들은 여행가방 속에 품었다.

그들의 여행가방 속엔 무엇이 들어 있었을까? 가방 안에는 누군가의 흔적이 들어 있었다. 부모님의 사랑이 배어 있었다. 새로 산 옷가지며, 한복, 양은냄비, 어머니가 만들어준 밑반찬, 한약, 3년 후 돌아올 때 차비하라고 꼬깃꼬깃 넣어준 지폐도 들어 있었다. 그리고 그들을 눈물짓게 하는 태극기가 들어 있었다. 없는 살림에 그때만은 지갑을 털어 마련해준 것도 많았다. 그 여행가방은 부모님의 사랑과 고국의 추억을 내포하는 상징물이었다.

파독 광부 김 씨의 집은 오래된 물건들로 가득 차 있다. 자신의 소중한 물건을 절대 버리지 않는 것이 김 씨의 지론이다. 그중 45년 전 독일 올 때 가져온 여행가방은 특별하다.

그는 힘들게 살아왔던 지난날에 대한 자기만의 증거가 필요하다고 말했다. 그 증거를 마련하기 위해 반세기나 지난 지금까지 다 낡아빠진 여행용 가방을 신줏단지처럼 모신다. 그 가방은 자신의 지나온 청춘과의 진솔한 소통의 매개체다. 지하 1,000미터 지하 탄광에서 흙더미에 깔려 소중한 청춘을 묻어버린 파독 광부 동료들의 서글픈 역사도 가방만 보면 생각난다.

"덤으로 산 인생이죠. 막장에서 사라져간 이들, 그리고 건강을 해쳐 힘들게 살아가는 동료 광부 출신들을 생각하면 건강도 빚진 셈입니다. 그들의 몫까지 잘 살아야 한다는 말도 우울해집니다."

그는 45년 전 청춘의 노동과 맞바꾼 경제건설 주역들을 잃어버린 기억 저편으로 밀어내지 말라는 주문을 한다. 나 또한 기록 속에서만 존재했던 파독 어르신들을 직접 와서 뵈니 참 고맙다는 말을 하고 싶어졌다. 가방은 그렇게 전설처럼 내 마음에 자리 잡힐 것이다.

그 가방은 자신이 왜 떠나왔으며, 어떻게 살아야 하는지 알게 하는 이정표 역할을 한다고 했다. 우리는 여행할 때 때론 설레고 때론 아쉬워하며 가방을 꾸린다. 그것은 또 다른 장소로의 새 출발이다. 그 길이 평탄하든 아니든 가방을 처음 꾸리는 마음을 간직할 수만 있다면 우리 삶이 조금은 더 겸허해질 것 같다.

어느 파독 광부의 장례식

독일의 공동묘지는 도심에 자리 잡혀 있다. 어느 때고 가족들은 먼저 간 이들을 만나고자 버스를 타고, 혹은 걸어서 그곳을 향한다. 집 근처 파독 광부 몇 분이 누워 있는 프리드 호프(공동묘지)에는 가끔 죽은 자의 가족들이 꽃을 들고 방문한다.

파독 광부 박 씨는 2년 전 암 투병 중 60대 초반의 나이에 세상과 이별을 고했다. 2년 전 이날은 매우 추워서 겨울코트의 깃을 세우고 공동묘지의 약간 능선이 진 길을 걸었던 기억이 난다. 죽은 자들 사이로 살아 있는 풀들과 나무들이 아이러니한 조화를 이루며 방문자를 반긴다.

소설가 김탁환 씨가 '기억하는 것보다 망각하는 속도가 더 빠른 게 인생'이라고. 그이처럼 기억하기 위해서 찾아가는 것도 아닌데, 난 무작정 그 묘지에 들어서고 있었다. 한국 장례식장처럼 목놓아 울지 않는 적막함이 오히려 섬뜩한 느낌이었다. 박씨가 누워 있는 나무관을 건장한 독일인 네 명이 들고 간다. 그들은 마치 목각인형처럼 굳은 표정으로 사뿐히 행렬 사이를 미끄러져 들어갔다.

대학 2학년 때다. 1학년과 2학년 대면식을 마친 시간이 새벽 12시.

정오인지, 하루의 시작인 0시인지 모르게 흐릿한 영혼으로 친구들과 헤어지고 다음날 아침 들썩거리는 여운을 간직한 채 뻐근한 머리를 움켜쥐고 교정을 들어섰다. 그날따라 캠퍼스를 내리누르는 뽀얀 안개가 스산한 내음을 풍기고 있었다. 전공수업이 들어가기 무섭게 뇌리를 뚫는 선배의 외침.

우리 과 친구, 그러니까 내 친구가 너무 멀리 떠났다는 것이다. 하교 오는 길에 교통사고가 났다고 했다. 부리나케 달려간 대학병원 영안실에는 바로 오늘 새벽, 신데렐라의 마법처럼 헐레벌떡, 12시에 헤어졌던 친구의 히죽이는 얼굴이 액자에서 웃고 있었다. 정치 논조나 사랑 타령에서 그렇게 과용했던 눈물이 갑자기 말라버렸다. 다른 친구들은 모두 비명을 지르며 아우성 섞인 울음을 쏟아냈지만, 난 친구의 허망한 끝을 지켜보며 하염없이 사진 속 죽은 아이를 응시했을 뿐이다.

액자 속에서 웃고 있던 친구는 갑자기 표정을 바꾸어 물끄러미 날 바라보았다. 난 이내 고개를 뒤로 돌렸다. 배시시 웃는 얼굴로 영안실 문을 비집고 '헤이 친구' 하며 달려들 것만 같아서다.

갑자기 현기증이 났다. 쓰러졌다. 지난밤 찰나의 생을 마감했을 친구를 생각하니 모든 게 부질없게 느껴졌다.

4월인데도 을씨년스러웠다. 도시 한가운데 서 있는 공동묘지. 허전할 만큼 조용한 장례예식. 난 그분을 잘 알진 못한다. 분위기 파악도 못 한 채 유가족과 지인들이 섞여 있는 그곳을 향해 연방 카메라 셔터를 눌러 댔다. 당연히 나에겐 관심이 없었다. 단지 영정사진 속의 그분만 날 물끄러미 바라보고 있었다. 어깨너머 들은 말로는, 그분은 불꽃처럼 열심히 살다 가셨다고.

그는 파독 광부로 간호사와 결혼해 아들 하나를 잘 길러냈다. 한국에서 건축학을 공부하다 가난 때문에 중퇴하고 독일에 왔다. 그는 자신의 손재주를 주변 한인들을 위해 사용했다. 집을 고치거나 실내구조를 바꿀 때도 그의 손길만 닿으면 '뚝딱'이었다. 그분의 집에 빈소가 마련되었다. 여자들은 음식을 만들었고, 생전의 친구들은 미망인을 위로했다. 장례식에는 그 지역 한인들이 모두 왔을 것이라는 착각이 들 정도로 많은 이들이 모였다.

장례식이 진행되는 내내 전기의 힘을 이용한 촛불이 그분 곁에서 그저 활활 타오르는 것을 멍하니 지켜만 보고 있었다. 촛불의 광채는 액자 속 그분의 얼굴을 넘나들고 다시 허공으로 날아올랐다. 검은 옷을 입은 참여객들을 바라보았다. 생의 길에서 그분이 만나 온 여러 존재들이 촛불 앞에서 번들거렸다. 친구, 형제, 가족, 그리고 사랑했던 사람들, 때로는 작은 스침의 인연들이 그분의 사진 곁에서 내면의 흐느낌으로 술렁거렸다.

이제 그들 모두는 기억 저편의 것이다. 집으로 돌아오는 길 공원묘지 안에 죽은 자의 이름들이 눈에 띄었다. 그들도 누군가를 앞서 보냈을 것이고 그리고 이런 상념에 젖었을까?

잠시 옆으로 눈을 돌려보니 들어올 육체를 기다리며 비어 있는, 공간이 보인다. 겨우 몸 하나 누울 공간이다. 누군가도 이곳에 묻히리라. 우리는 결국 한 뼘 액자 사진 속, 그리고 겨우 키 만한 나무관 속으로 들어가게 될 것을 모두가 다 알고 있다. 그럼에도, 영원한 소외를 터부시하고, 작은 액자와 안식처가 될 초라한 나무관이 반기는 그때를 두려워한다.

독일에서 부르는 고향의 봄

내 상념 속의 독일과 현실의 독일 삶이 매치가 안 될 때가 있다.

고즈넉한 고성, 매서운 겨울날 카키색 점퍼의 깃을 세운 희끄무레한 낮빛의 행인들이 발길을 옮기는 도시의 적막함, 어릴 적 전쟁영화 좋아하던 아버지의 어깨너머 바라본 독일영화 속 그곳은 회색빛 낭만이 넘실대는 풍광이었다. 독일로 항해를 시작한 후 일상에 젖어들자 매너리즘은 독일을 금세 낭만 속에서 끄집어 올렸다. 그리고 유럽은 나에게 더 이상 모니터 화면이 아닌 리얼리티가 꿈틀거리는 생존의 현실이 되었다.

오늘 블리세 거리(Blissestrasse) 지하철역을 지나다 오랜만에 귀를 청소해주는 음악을 들었다. 아! 얼마 만에 들어본 곡인가. 디어헌터의 주제곡 '카바티나'를 클래식 기타로 연주하는 남루한 옷차림의 악사다. 내가 좋아하는 곡을 연주하는 것만으로도 가슴이 뻐근해졌다. 우두커니 서서 그 곡을 듣노라니 '아! 독일의 낭만은 이런 거구나.' 새삼 느끼게 된다. 음악의 나라 하면 독일이다. 그래서인지 어느 곳이나 음악회 소식이나 음악 공부하는 이들을 심심찮게 볼 수 있다. 우리나라에서 온 유학생들도 대부분이 음악학도인 점도 그 사실을 대변해주지 않은가!

2년 전 겨울 끝자락에 베를린에서는 뜻깊은 음악회가 열렸다. 북한 병원 돕기 기금 모음 자선음악회였다. 이날 행사에서 청중의 90%가 독일인들이었다. 어쩌면 독일 또한 분단의 역사를 지닌 탓에 우리나라에 대한 미묘한 동질감도 한몫하지 않을까 생각되었다. 모은 기금으로 독일 수도원이 지은 북한 나진병원의 의료장비 등을 구입하는 데 보탠다고 했다. 나의 관심을 끈 이는 이 행사를 기획하고 주관한 파독 간호사 출신 소프라노 박덕순 씨다.

어릴 때부터 박 씨는 노래를 부르고 싶었다. 주변 사람들에게 목소리가 좋다는 칭찬도 어린 마음에 새싹을 지폈다. 무엇보다 음악이 영혼 안에 번지는 소통의 마법이 신비로웠다. 하지만, 음악을 공부하기에는 가정형편이 너무 어려웠다. 아버지는 자식 공부시킬 형편도 못되면서 '딴따라'는 안된다고 애매한 변명거리를 찾았다. 공부를 더 하고 싶어도 곤궁한 집안이 발목을 잡았다. 그때 파독 간호사 모집은 힘든 가정을 살리는 대안이 될 수밖에 없었다.

무조건 짐을 쌌다. 독일은 기회의 땅이 될 거라고 자신에게 다독였다.

하지만, 막상 그에게 닥친 독일생활은 치열한 현실과의 싸움이었다. 언어의 장벽이 맨 처음 다가왔고, 독일어가 입에 채 익히기도 전에 힘든 병원 일에 몰입해야 했다. 향수병도 사치였다. 몸도 연약한 박 씨에게 육중한 몸무게를 자랑하는 독일인 환자들이 힘에 부쳤다. 그러나 그때마다 언젠가는 음악을 공부하리라는 꿈과 고국의 식구들을 도와야 한다는 책임감으로 하루하루를 버텼다.

이 읍에 와본 사람은 누구나

거대한 안개의 강을 거쳐야 한다

앞서 간 일행들이 천천히 지워질 때까지

쓸쓸한 가축들처럼 그들은

그 긴 방죽 위에 서 있어야 한다.

문득 저 홀로 안개의 빈 구멍 속에

갇혀 있음을 느끼고 경악할 때까지

– 기형도의 「안개」 –

기형도가 느꼈던 것처럼 박 씨의 초창기 독일생활은 짙은 안개 같았다. 그 안개가 자욱한 꿈속으로 박 씨는 한 걸음씩 내디뎠다.

초등학교 3학년 겨울방학 때 선생님께 안부편지를 적었던 기억이 있다. 내가 뭐라고 썼는지는 잘 기억이 나지 않는다. 흰 눈이 소복이 내리던 어느 날, 선생님의 편지가 내게 전해졌다. 선생님의 답장편지의 한 대목은 '뜻이 있는 곳에 길이 있다.'였다. 그때 처음 들었던 그 문구는 내 인생의 말뚝처럼 내리박혔다. 박 씨도 그 말에 맞장구를 쳤다. 그는 뜻을 품은 사람이었다. 그리고 꿈을 이뤘다. 베를린 국립음대 성악과를 졸업한 그녀는 스위스와 독일 등에서 마스터 클래스를 수료했으며, 89년부터 활발한 활동을 펼치고 있다. 그녀의 음악적 열정은 끝이 없다. 노르웨이 작곡가 그리이그 곡을 공부하면서 더 깊은 이해를 위해 노르웨이어를 배웠고, 그런 열정 덕분에 그리이그 박물관 연주 홀에 초청되기도 했다.

그녀는 자태가 곱다. 첫눈에 난 그녀에게 '곱다'고 칭찬했다. 그녀가 환하게 웃었다. 환갑이 넘은 나이이지만, 환갑잔치에 주인공으로 앉아 자손들의 인사를 받는 그런 풍광이 도통 연상이 되지 않는다. 오히려 환갑 맞은 시어머니의 수발을 드는 매무새 좋은 맏며느리 정도로밖에 보이지 않는다. 나이는 숫자에 불과하다는 말이 딱 그녀의 것이다.

한국민요와 가곡에 대한 사랑도 남다르다. 자신의 독창회에서는 한국 가곡이 빠지지 않고 등장한다. 「고향」, 「그리운 금강산」, 「신아리랑」, 「꽃구름 속에」, 「눈」, 「새타령」 등 그녀는 무대에서 민간 외교사절이나 다름없다. 그녀의 가곡 열창은 삼삼하게 똑 떨어진다. 가곡을 부를 때마다 그녀의 목구멍을 타고 내려가는 깊은 숨소리가 듣는 이의 심장을 더듬는다.

"독일은 제게 있어 온갖 어려움을 헤치고 꿈을 이뤄온 제2의 고향이

나 다름없습니다. 그렇지만, 저의 영원한 고향은 내 부모님이 잠들고 계신 한국이지요. 성악가로서 내 조국을 위해 할 수 있는 일은 현재 사는 이곳에서 우리의 아름다운 민요나 노래를 독일과 유럽인들에게 많이 알리는 일이었습니다.”

요즘 아이들에게 이런 애국심이나 민족의식은 역사책에나 기록될 법한 고전어가 아닐까? 그럼에도, 이곳에 사는 파독인들은 하나같이 변하지 않는 애국자다. 그들 대부분, 어려웠던 고국을 뒤로하고 눈물로 밟은 독일에서 설움을 껴안은 자들이니까. 그들이 사랑하고 보듬었던 것은 자신들이 아니라 고국이었으니까. 파독 간호사로서 고국을 살렸고, 지금 그녀는 또 다른 위치에서 자신의 나라를 전하고 있다.

박 씨는 눈을 감으면 시골집 뒷산에 연분홍으로 해사한 진달래꽃이 있는 곳으로 달려간다고 했다. ‘고향의 봄’을 부르며 눈물 흘리는 세대는 점점 저물어가건만, 1절에 이어 다 함께 2절을 열창하는 청중은 금세 젖은 눈이 된다. 그녀의 회한이 전수된 까닭이다.

지금 이 순간 2절을 불러본다.

꽃 동네 새 동네 나의 옛고향
파란 들 남쪽에서 바람이 불면

냇가에 수양버들 춤추는 동네

그 속에서 놀던 때가 그립습니다.

느림의 미학

독일에서는 구렁이 걸음이 흠이 아니다. 십 대 때 교과서 한 귀퉁이 어디에선가 읽은 기억이 있다. 철학자 칸트가 항상 오후 2시면 정확하게 산책하러 나간다고. 그때 지팡이에 신사 모자를 쓴 모직코트의 노신사를 상상했었다.

칸트 씨가 그 정도로 정확하게 빈틈없이 삶을 살았다는 얘기인데, 그땐 난 도무지 체감적 이해가 되지 않는 부분이 있었다. 뚜벅이들이야 일상이 걷는 것인데, 조깅도 아닌 굳이 산책이 필요할까였다. 게다가 바쁜 세상에 언제 유유자적하며 산책하는 시간이 있겠는가 싶었다. 그렇게 서른을 넘어서까지 생각하다 독일에 와서 보니 과연 그렇다. 오후 헤질 무렵이면 강아지 한 마리씩을 끼고 유유히 공원이든 거리든 산보를 하는 이들이 있다. 그저 조용히 뇌리 속에 담긴 목적지를 정해놓고 몸에서 해방된 헐렁한 외투를 걸친 채 고요히 길을 재촉하는 노부부도 있다. 그들에겐 산책이 일상의 중요한 부분이다. 한 편의 그림 같은 그들의 걸음에서 느림의 미학을 배운다. 피에르 쌍소의 '느리게 산다는 것의 의미'를 바람결에서 체험한다.

독일생활에 미끄러지듯 스며들기 시작하면서 나 또한 어슬렁거리며 동네 어귀를 걷기 시작했다. 아는 이가 만나면 '굿텐 탁' 하면 그만이었다. 언젠가 한인행사에서 뵌 적이 있는 다소 마른 듯한 그분을 만났다. 눈인사를 넘어서 잠시 자리를 틀었다.

명자 씨는 파독 간호사로 독일에 왔다. 그녀는 한국에 돌아가 살 생각을 하고 있었다. 지금 그녀 곁에는 아무도 없다. 가족도 서울에 오빠가 둘 있을 뿐이다. 하지만, 그들 가까이에서 살 생각은 없다. 고향인 전라도에서 살 생각이란다. 독일에서 40년을 넘게 살았는데 왜 한국으로 돌아갈 생각을 하느냐는 질문에, 2년 전부터 그런 생각을 했다며 늙어가면 다 고향이 그립다며 젊은 난 이해할 수 없을 거라는 표정을 지었다. 나도 불혹의 나이를 넘어서니 뿌리가 스멀스멀 그리운 게 사실이건만, 이십 년의 격차는 공감을 불러일으키기엔 긴 세월인가 보다. 그는 40년을 살아온 곳인데 독일이 왠지 낯설게 보인다고 했다.

그녀는 현재 조성 중인 순천의 독일마을에 거주하려고 계약을 하러 갔다가 그냥 돌아왔다. 섣불리 결정을 못 한 것이다. 자신은 독일 시민권을 가졌지만, 한국에서 삶의 마지막을 보내고 싶었다. 하지만, 결정을 하려니 어느 한 곳에 묶이는 것보다 한국 어디서든 자유스런 선택을 하고 싶었다. 지금 그녀는 한국에서 살 생각을 하고 독일생활을 정리 중이다.

그녀는 독일에 간호보조원으로 와서 줄곧 호스피스 병동에서 일했다. 젊은 나이에 여러 사람의 임종을 지켜보면서 자신의 마지막을 생각하니 아득한 통증이 일었다. 삶이 부질없게 느껴졌다. 살고 죽는 게 맘 같지 않았다.

한국에서 배드민턴 국가대표 선수로 일했다. 열심히 했지만 여러 번 좌절을 겪었다. 뭔가 탈출이 필요했다. 결국 선택한 것이 독일 파독 간호사 지원이었다. 더 넓은 세상을 꿈꾸었기에 이국땅에서의 고통도 이겨내리라 다짐했다. 낯선 곳에서 겪는 이민생활은 참으로 힘들었다. 간호보조원으로 지원했고, 병원의 어려운 일은 죄다 도맡았다. 운동하던 몸이 10년을 병동에 갇혀 있으니 한계가 왔다. 막 오자마자 번 돈을 가족들에게 송금하느라 정신이 없었다. 몇 년을 그렇게 보내자 자신이 서글퍼졌다. 이러다 죽으면 끝이라는 생각도 들었다.

언젠가 한국을 방문했다. 오빠들은 남부럽지 않게 풍족한 삶을 살고 있었다. 말 그대로 주말근무까지 맡아가며 번 돈으로 오빠들은 학교를 마쳤고, 번듯한 직장을 다니며 집안 좋고 예쁜 올케들을 서비스로 얻어냈다. 한국도 몰라보게 달라졌다.

독일로 돌아온 그녀는 자신의 삶의 방향을 선회했다. 간호사 일은 그녀에게 삶의 수단일 뿐이었다. 누군가를 위해 자신을 강하게 압박했던 그녀는 고삐를 느슨하게 풀었다. 그녀는 힘든 병동생활을 접고 물리치료를 공부하면서 나름대로 삶을 일구기 시작했다. 자신을 위해 돈을 쓰기로 하고, 과감하게 여행도 가고, 좋아하는 운동도 시작했다.

그녀는 한국에서 노년을 보내는 것이 두렵지 않다고 했다. 물리치료를 공부했으니 한국에서 자신이 할 수 있는 일을 찾아 천천히 느리게 여생을 보내고 싶다고 했다.

"이 힘든 독일 땅에서도 잘 버텼는데 그거 힘들겠어요? 저는 한국이 편하고 좋아요."

"가족이 없고 혼자 사시는 데 괜찮으세요?"

"이곳에서도 어차피 혼자인데요 뭘. 한국에 가면 그래도 나랑 정신이 통하는 우리나라 사람이 있잖아요."

그녀는 나이 들수록 독일이 싫어졌다고 했다. 아마도 독일에서 사는 이민자들은 나이 들수록 그럴 것이라고 말했다. 그리고 나에게 조언을 던졌다.

"지금은 젊어서 잘 모르는데, 조금 나이 들면 한국이 그리울 거에요. 지금 열심히 벌어서 나중에 한국에 가서 사세요. 나이 들면 후회돼요. 그리고 자녀들에게도 한국어 교육을 잘 시키세요."

그녀는 한국 이야기를 하면서 눈시울을 붉혔다. 그녀는 뿌리가 그리웠다.

밀란 쿤데라가 그의 책 『느림』에서 우리에게 말했다.

느림의 정도는 기억의 강도에 정비례하고 빠름의 정도는 망각의 강도에
정비례한다.

독일의 삶이 느림의 미학으로 포장되지만, 다이나믹 코리아에 체질화
된 나로서는 처음엔 힘들었다. 내가 아는 만화가 S 씨가 곱디고운 도예
가 마누라를 모시고 강원도 깊은 산 속으로 이사했을 때였다.

'서울 토박이가 인터넷도 더딘 그런 시골 깡촌에서 어떻게 살려구요?
아주 꼭꼭 숨으려고 작정했구만'이라고 비앙거렸더니만, S 씨는 재빠르
게 되받아쳤다.

"이곳에 비하면 유럽은 지하세계잖아! 한국의 깡촌이 정보화의 산실
인 걸 몰라?"

그 한마디에 빵 터졌다. 처음 인터넷을 설치할 때 한 달이나 걸렸으니
그의 항변이 낭설은 아니다.

느림의 정도가 기억의 강도에 정비례한다는 말에도 수긍한다.

느리게 살겠다며 한국행을 고집하는 명자 씨를 보며 아이러니해졌다.

느림이라면 독일일 텐데, 그의 내면의 느림은 또 다른 프로그램으로
포장된 듯하다. 한국에서의 느림의 미학은 어떤 걸까?

나는 독일의 기러기 엄마다

영화 『시카고』에 이런 내용이 나온다.

"You can live the life you like or you can like the life you live."
- 당신이 좋아하는 삶을 살거나 당신이 살고 있는 삶을 좋아하거나.

이 두 가지를 잘하고 있다면 어떨까? 수희 엄마가 그렇다. 그녀는 자신이 좋아하는 삶을 살고 있고, 살고 있는 삶을 좋아하고 있다. 그녀는 일명 기러기 엄마다.

요즘 독일에 기러기 엄마가 대세다. 수도 베를린만 해도 지난해 600가정이라는 말이 있다. 영어권도 아니고, 이미 독일어는 우리나라에서도 사장(死藏)되는 언어가 아닌가. 물론, 유학생들은 독일 유학이 증가추세다. 그런데 음악 유학이 아닌 단순히 교육에 합류하기 위해 어린 나이의 아이들을 데리고 오는 경우가 있다. 학비가 저렴하고, 창의적인 교육을 중요시한다는 독일교육에 대한 소문 때문이다. 그들도 그들만의 합리적인 이유가 있다.

한국에서는 기러기 가족에 대해서 상당히 부정적이라는 인식이 강했다. 드라마를 접하거나, 인터넷에 올라온 사건 기사와 그 외 '-카더라 통신'이 작용했을 것이다. 하지만, 내가 만난 독일의 기러기 가족의 아내들은 드라마에서처럼 남편과 사이가 좋지 않다거나 현지인과 바람을 피운다거나 하는 이들은 없었다.

수희 엄마도 그렇다. 그녀는 한국에 있는 남편을 만날 수는 없지만, 대신 전보다 전화통화를 많이 하고 남편과 더 사이가 좋아졌다. 처음에 수희 엄마가 기러기 가족을 자처했을 때 주변에서 반대가 심했다. '99%가 이혼한다더라', '아마 적응 못 할 것이다', '남편이 딴 생각한다'라든가, 대부분 부정적인 견해가 많았다.

무엇보다 독일에 간다고 했을 때 남편의 반대가 심했다. 하지만, 지금은 남편에게서 가길 정말 잘했다는 소리를 듣는다. 지난봄에 독일을 다녀간 다음부터 남편의 마음이 바뀐 것이다. 아이들이 무엇보다 독일의 여유 있는 교육을 좋아했다. 제일 큰 문제는 부모님이었다. 시어머니는 전화로 "너희 남편, 찬밥 되었다."라며 서운해한다. 게다가 남편이 아내가 독일에 간 후 처가에도 가지 않을뿐더러 전화도 잘 하지 않아 친정 부모님도 내심 걱정하는 눈치다.

얼마 전에도 수희 엄마는 친정어머니랑 통화한 후 괜스레 울적해졌다.

"네가 독일 간 후로 정 서방 발길 끊었다. 너네 혹시 문제 있는 거 아니니?"

수희 엄마는 그럴 때마다 마음이 약해지지만 어쩔 수 없지 않느냐고 한다. 아이들도 제법 적응 잘하고, 자신은 이곳이 좋다고 너스레다. 그녀와 나눈 일문일답이다.

* 영어권이 아닌 독일을 선택한 이유

나는 결혼하면 꼭 외국에서 살았으면 좋겠다고 생각했다. 그런 이야기를 하면 내부분 친구들이 오해를 한다. "넌 한국을 왜 그렇게 싫어해?"라고.

하지만, 난 한국이 싫은 게 아니라 한국의 교육이 힘들다. 사실, 문제는 부모들의 과잉 교육열이다. 이곳 독일을 선택한 이유는 교육환경이다. 녹지가 있고 마음의 여유가 있는 게 좋다. 사실 한국에서 시골에 내려가 살 생각도 했다. 녹지 때문이었다. 그러다 보니 내가 원하는 환경과 근접한 나라가 독일이었다. 한 도시 안에 문화와 녹지, 도심이 함께 있는 경우는 드물다.

* 기러기 가족을 선택한 진짜 이유가 있는 건 아닐까

부부관계가 좋지 않아서는 아니지만, 이제는 자유롭게 살고 싶었다. 외국에 나가서 살겠다는 것은 결혼 전부터 남편에게 이야기했다. 2000년에 유럽으로 배낭여행을 갔는데 오스트리아가 너무 좋았다. 남편에게 결혼하면 외국에서 살 거라고 했다. 남편이 쿨하게 '오케이' 하더라. 결혼 전에는 여자친구 말에 'NO'

라고 하는 남친은 없지 않은가? 남편이 좀 과시욕이 있다. 하지만, 결혼하니까 남편의 마음도 바뀌는 것 같고, 나올 상황도 못되었다. 이럴 때 경기도 수원에서 살았는데 혼자 집 밖을 많이 돌아다녔다. 원래 좀 발발이형이다. 점점 자라자 외국여행을 많이 다녔다. 난 간절히 바라는 것이 있으면 이뤄진다고 생각한다. 대학 다닐 때는 유학을 가고 싶었다. 그런데 남편과 덜컥 눈이 맞은 게다.

독일로 유학 간 친구가 있었다. 그 애와 5년 만에 통화가 되었다. 그때 친구는 "독일은 애들의 천국이야. 이보다 좋은 곳이 없어"라고. 이 말에 독일로의 꿈을 꾸었다. 그때부터 독일에 대해 검색을 했다. 곧바로 준비작업을 거쳐 도전 가능할 것 같다는 생각이 들자, 남편에게 털어놓았다.

"나, 원래 서울을 떠나 시골 가서 살려고 했잖아. 내가 시골로 가나, 어디로 가나 우리 가족에게 기러기는 마찬가지잖아. 그럼 내가 아이들 데리고 외국에 나가면 어떨까?"

그러자 남편은 순순히 "그래? 알아봐. 비용은 얼마나 드는지."라고. 그리곤 잠잠해졌다. 본격적으로 알아본 후부터는 전쟁이 시작되었다. 남편 왈, 정말 나갈 거라고는 상상을 못했단다. 6개월 동안 하루도 빠지지 않고 싸웠다. 독일 얘기만 나오면 남편은, "당신 가면 생활비도 안 보내줄 거다. 독일 가서 알아서 살아!"라고 윽박질렀다. 어느 날 자동차를 타고 시댁을 가는 중이었다. 남편이 "아직도 독일에 가고 싶어?"라고 묻자 난 서럽게 울기 시작했다.

"내 평생에 소원이야. 애들도 중요하지만 내가 가보고 싶어. 다시 한번 도전해보고 싶어."

사실 애들은 핑계였다. 나의 바람이었던 해외생활과 아이들의 교육 문제가 딱 맞는 것이다. 그랬더니 남편은 체념한 듯 "그럼 한 번 가봐. 내가 당신을 너무 사랑해서 소원을 들어주는 거야."

수희 엄마는 도전적이고 모험적인 엄마가 성공적인 기러기 엄마가 된다고 이야기한다. 그동안 한국에서 수희 엄마는 남편을 위해서만 살았다. 남편은 아내 없이는 밥이나 빨래도 할 줄 모를 정도였다. 심지어 연애할 때 결혼준비부터 수희 엄마가 했다. 그 생활을 10년 정도 하니 아내는 지쳤다. 그녀는 내게 말했다.

"남편이 행복하려면 나는 불행했어요. 남편에겐 언제나 저의 일방적인 희생이 필요했어요. 이제 내 행복을 위해 살고 싶어요. 한국에서 그대로 살았으면 우린 둘 다 불행했을 거에요. 독일에 오면서 남편에겐 '당신이 나에게 해준 만큼 다 갚아주겠다'고 했어요. 그게 뭐겠어요? 애들 잘 키우는 것이죠."

그랬더니 남편이 고개를 끄덕였단다.

* 독일에서 어떨 때 가장 힘든가

글쎄, 딱히 힘든 건 없다. 독일어를 하나도 모르고 왔으니 애들 학교에서 가정통신문이 왔는데 번역을 못 해 항상 누군가의 도움을 받아야 하고 부탁해야 하는 게 힘들었다. 하지만, 그 외에는 모두 좋다. 한국 살 때는 집안일이며, 운전이며, 시댁 일을 모두 내가 알아서 했다. 여기서는 너무 편했다. 완전 해방이다. 남편에게 그동안 해줄 만큼 했다. 이제 충분히 누릴 가치가 있다. 함께 온 기러기 가족이 있는데 그분은 이곳이 힘들어 한국 가고 싶다고 했다. 이유는, 한국에 있을 때는 남편이 다 해줬다고 한다. 나는 내가 모든 일을 했으니 이곳이 편할 수밖에.

* 부모님의 반응은 어떤가

시어머님은 전화 올 때마다 "내 아들 밥은 어째? 남편은 마누라가 해주는 밥을 먹어야 하는데" 하며 훌쩍거리신다. 어머님은 머리가 노랗고 눈이 파란 사람들과 이웃으로 산다고 하니 걱정이시다. 서양인이라면 외계인처럼 생각하시는 고전적인 분이시다. 그리고 애들 교육을 얼마나 잘 시키려고 부부가 떨어져 사느냐고 투덜대신다. 하지만, 남편이 최근 왔다 가면서 자기가 독일로 오겠다고 할 정도로 맘에 들어 했다. 애들이 독일생활을 좋아하니 남편의 마음도 풀어졌다.

* 한국으로 돌아가고 싶은가

그립기는 하지만, 돌아가고 싶지는 않다. 며칠 전 막내 고모랑 통화하면서 울었다. 막내 고모랑 11살 차이가 난다. 친구처럼 지내고 살았다. 목소리 들으니 눈물이 났다. 초등학생 아들이 옆에서 듣더니 "엄마, 웬 향수병이야?" 한다. 그래도 난 독일에 온 것을 후회하지 않는다.

독일 엄마들은 기러기 가족 열풍을 생소하게 바라본다. 아시아의 엄마들이 교육열이 높다는 것은 아는 이들이 많지만, 기러기 가족 실태에 대해 이야기를 나누면 놀라는 눈치다. 불가피하게 일 때문에 떨어져 산다면 몰라도, 단지 아이들의 교육 때문에 부모의 젊음이 희생된다는 것을 이해시키기는 쉽지 않다. 차라리 엄마의 자아실현이라고 한다면 더 쉽게 공감할 수 있을는지 모른다.

독일 한인교포들의 분포는 1세대와 그의 후손인 2세, 그리고 유학생 그룹, 사업이민 등이다. 점점 1세대가 줄어들어 가는 현재, 젊은 세대들의 유입이 늘어가고 있어 새로운 독일 내 한인그룹을 형성하고 있다. 독일 한인사회의 신기류다. 신구가 잘 조화되어 세대 간 소통이 필요한 시점이다.

독일로 유입되는 기러기 가족은 또 하나의 독일 내 한인 한 부모 가정을 양산한다. 여유가 있어서, 지나친 교육열 때문에, 라는 이유를 붙여 타인에게 냉대의 시선을 받기엔 그들의 삶도 눈물겹게 힘들다. 그런 이유 때문에라도 이국땅에서 힘들어도 볼멘소리 못하는 것이 기러기 엄마들의 현실이다. 아이들을 통한 대리 성공에 대한 욕망과 부담감으로, 보수적인 한국의 가족체제의 환멸이라는 불편한 진실을 숨기며 고국으로 돌아갈 것을 두려워하는 기러기 엄마. 그들도 행복해야 할 이유가 있다.

212 나는 독일맥주보다 한국사람이 좋다

이제 일본문화 열풍에서 한류로

일본과 독일은 현대사에서 비슷한 길을 걸었다. 2차대전 패전국으로 전쟁 후 급속한 성장동력으로 재기에 성공했다. 그런 탓에 일본인들은 독일을 동일시하고, 독일 또한 아시아 국가 중 일본을 우위로 생각하기도 한다. '독일인만큼 악수하기 좋아하는 민족 없고 일본인만큼 절하기 좋아하는 민족 없다'는 말로 별 시답지 않은 것에 동질성을 부여하기도 한다. 하지만, 2차대전 전범국으로 용서를 구하는 독일과 그렇지 않은 일본을 비교할 때면 일본인들의 입이 뾰로통해진다.

어느 국제회의에서 2차대전 사과에 대한 독일, 일본의 대조적 태도에 대해 지적하자, 일본학자가 발끈하며 "일본에 돈을 원할 때마다 태평양전쟁 들먹이며 사과 요구한다."라고 망언했다고 한다. 그때 옆에서 듣던 유대인 학자가 "독일인이 그렇게 말했으면 죽였을 거다."라고 말한 일화를 인터넷에서 읽은 기억이 난다. 독일과 일본의 차이는 죄의 인정 여부에 있고, 한국과 이스라엘의 차이는 피해의 망각 여부에 있다.

우리나라가 곰방대 물고 '어험' 하던 시절인 1868년 메이지유신을 단행한 일본은 서방국가를 모방하기 시작했다. 그런 탓에 서양문물이 유입되고 일찍 개화된 게 사실이다. 아직도 독일은 일본을 동양의 각 나라 중에서 특별히 선호하고 엘리트국가로 대접하고 있다. 지난 원전사고에서도 독일방송에서는 연일 '침착하고 질서 있고 남을 배려하는 민족'으로 칭송한 것도 같은 맥락이다.

일본에서 유학 후 독일 남편과 함께 산 지인은 일본에서 만난 대부분의 일본인들은 '독일인'들과 비슷하다는 이야기 듣는 것을 좋아한다고 말했다. 그들은 양국이 합리적이고 이성적으로 통한다고 했다. 나의 지인은 그들의 겉과 속이 다르다는 점이 같다며 비웃기도 했다.

독일의 뒤셀도르프 지역에는 일본인들과 일본 회사들이 즐비하다. 그들이 독일 경제와 사회에 끼친 영향력은 무시할 수 없다. 일본 자동차는 품질 좋기로 소문나고, 초밥 등 일본 음식은 꽤 비싼 음식으로 절찬리에 판매되는 메뉴다. 심지어는 우리나라 S사 또한 일본 브랜드로 아는 독일인도 있다.

그동안 독일 내 아시아 문화의 중심은 일본에 있었다. 독일에서 열리는 '일본의 날'에는 200만 명 이상이 참가하고, 기모노를 입은 독일 청소년들도 심심찮게 보인다. 하지만, 독일에서 한국은 어떤가? 파독 노동자들의 업적으로 이미지가 좋아졌지만, 아직도 인식의 부재가 많다. 오히려 북한을 더 잘 아는가 하면, 남북이 나뉘어 있는 것도 모르는 세계사 상식이 부족한 이들도 있다. 하지만, 최근 들어서서 조금씩 양상이 달라지고 있다. K-POP 한류열풍이 아시아를 넘어 유럽시장에 파고들면서 '코리아'에 대한 시각이 달라지고 있다.

2011년 8월, 독일 유명 청소년 잡지 'POPCORN' 에 'K-POP Rockt(K-POP Rocks)!'이라는 제목으로 K-POP에 대한 소개가 실리기도 했다. 이 기사에는 다양하고 특별한 개성을 지닌 아티스트들이 모인 K-POP에 대한 높은 관심을 보여주었다.

K-POP 팬클럽도 생겨나고, 소셜 네트워크의 영향으로 K-POP의 노래들은 순식간에 독일 청소년들의 마음을 사로잡았다.

지난겨울, K-POP 그룹인 비스트의 공연을 보러 간 적이 있다. 3,000여 명이 넘는 인원이 관중석에서 춤을 추고 노래를 따라 하고 있었다. 영하 10도가 넘는 날씨에도 독일 각 지역과 인근 나라에서 온 청소년들이 홀 밖에서 시린 손을 불며 입장시간을 기다리고 있었다.

오스트리아에서 어머니와 함께 왔다는, 열네 살짜리 마틸다는 집에서 밤새도록 빅뱅의 노래를 부르다 지쳐 잠들곤 했다고 말했다. 그녀의 어머니는 딸이 행복하니 자신도 행복하다며 환호성을 질렀다. 자기의 주관과 소신이 명확한 유럽의 청소년들의 심장을 건드리기는 쉽지 않다. 의도적인 동원이라고 하기엔 그들은 이미 성장한 아이들이다. 그래서 K-POP 열풍의 의미는 크다.

한편으론, 유럽의 한류열풍이 과도해질수록 아쉬움이 남는다. 진정한 우리 문화에 대한 홍보도 함께 병행되었으면 하는 아쉬움이다. 처음 일본만화를 보면서 한국 드라마를 알게 되었다는, 한 독일 청소년의 말을 들으며, 기본적으로 일본문화에 기반을 둔 한류의 성장이라는 인상을 지울 수 없었다. 갑자기 과열된 것 같은 한류열풍이 냄비근성처럼 쉽게 사그라지지 않을까 걱정된다. 또 관심이 많아질수록 안티도 늘어나는 법. 그에 따라 고유의 한국문화까지 다치지 않도록 신경 써야 할 것이다.

전화기의 추억

나의 사랑하는 후배 J에게서 전화가 왔다. 그녀의 쟁쟁거리는 목소리를 들으니, 독일과 한국이 마치 안방과 건넌방을 넘나들듯 가깝고 생생하다.

지금이야 개인 휴대전화기가 다른 한 개의 손처럼 몸의 일부가 되었지만, 불과 10여 년 전만 해도 공동화장실처럼 집 근처에 공동으로 사용하는 공중전화가 많았다. 그래서 공중전화에 얽힌 일희일비도 비일비재했다. 때론 심심찮게 공중전화와 관련된 폭력사건이 매스컴을 오르내릴 때 공중전화 앞에서 줄 서는 것조차 주눅이 들게 했다. 하지만, 공중전화는 갑자기 쏟아져 내린 소나기 속 우산이 되기도 했고, 길을 걷다 잠시 멈춰 벗의 안부를 묻고 휴식을 취할 수 있는 쉼터의 역할도 했다. 직장선배 K 씨는 사귀던 애인과 전화하기 위해 그녀의 집 앞 공중전화에서 날을 샜다 했다. 지금의 이런 세대들에겐 가히 전설과도 같은 이야기일 게다. 공중전화 박스 안 작은 공간 속에서 사랑이 영글어가고, 이별을 고하고, 눈물짓는 일들. 어쩌면 박물관에나 들어갈 추억의 산물이 될 법하다.

후배가 풀어내는 직장생활의 노곤함을 들어주며 전화기 너머로 그녀의 등을 한없이 쓰다듬었다. J는 언젠가 내 글을 모 방송국 'TV 동화' 프로그램에서 보았다며 느낌을 이야기했다. 잊고 살았던 한국에서의 기억의 보따리가 풀어졌다. 제목은 '아버지의 공중전화'다.

당시 서브 작가쯤 될 법한 목소리 고운 담당자의 전화의 요지는 모 잡지에 실린 내 글을 프로그램에 실어도 되겠느냐는 양해였다. 거절할 명분도 없고 원작료까지 준다는 마당에 고사할 필요는 없었다.

6남매의 넷째인 나는 아버지의 사랑을 독차지했다. 막내딸이라는 꼬리표 때문이기도 하지만, 사실은 항상 유약했던 몸 때문에 부모님의 걱정거리 중 하나였을 것이다. 키도 크고, 예쁜데다 살도 통통한 세 언니와 달리 난 항상 마르고 키 작았던 못난이 막내딸이었다.

사춘기 때는 '내가 혹시 주워온 아이가 아닐까?'라는 착각에 빠질 때가 잦았다.

어릴 적, 남들보다 다소 유복했던 우리 집은 항상 못 입고 헐벗은 사람들로 들끓었었다.

워낙 정이 많고 남 도와주길 좋아하는 아버진, 차를 몰고 나서다 거지 아이들을 발견하면 데리고 와서 새 옷으로 갈아입히고, 며칠씩 밥을 먹여주고 보살펴 주셨다.

그래서인지 혹시 나도 그 아이 중 하나가 아니었을까, 생각이 들곤 했었다. 그러나 그 생각은 기우일 게다. 아들을 바라셨던 아버지 집안에서 딸을 하나 더 데려와 기를 처지도 아니었고, 내 밑으로 아들 둘을 낳고 얼마나 기뻐하셨던가.

세월이 흘러 몸 약한 내가 결혼을 하고 아이까지 낳는 것을 보시고, 아버진 조금 안도를 하시는 것 같았다. 그래도 조금이라도 아플까 봐 보약이며, 좋은 음식을 공수해주시는 아버지는 나에 대한 변함없는 사랑을 보여주셨다. 득히, 그 사랑은 대를 물려 우리 딸에게도 각별하셨다.

"아버진 경란이만 예뻐하신다니까. 주은이를 저렇게까지 업어주시다니……."

언니들은 내 딸 주은이를 등에 업고 재워주시는 아버지의 모습을 보며, 농담 섞인 웃음을 던지곤 했다.

어느 날 저녁이었다. 웬일인지 아버지에게서 전화가 왔다.

"주은이 있냐? 좀 바꿔주라."

마침 아이 밥 먹이는 중이라 "아버지, 알았어요. 제가 다시 전화 드릴게요." 하고는 전화를 뚝 끊어버렸다. 그리고 이래저래 바빠서 전화도 하지 못한 채로 시간이 흘렀다.

그런데 며칠이 지난 후 큰언니에게서 아버지가 병원에 누워계신다는 말을 들었다. 뭔가 울컥했다. 숫자를 세어보니 아버지에게서 전화 온 날이 입원하신 날 저녁이었던 것이다.

평소에도 당뇨를 앓으셨는데, 감기가 심해지셨고 급기야 입원까지 하시게 됐다는…….

"너희 아버지가 갑자기 입원하시는 바람에 핸드폰도 안 가져가고 병원에 누워 있다가 주은이가 보고 싶다고 공중전화를 했다더구나……."

어머니는 나의 불찰을 탓하는 듯이 그렇게 말꼬리를 흐리셨다.

'아! 그랬구나. 얼마나 외롭고 쓸쓸하셨으면 병원복 차림으로 공중전화로 달려가셨을까.'

언니들 셋은 이미 아버지의 병원을 찾은 후였다. 막내딸인 나만이 아버지를 위로하지 못했고, 상심도 크셨을 것이라고 생각하니 가슴이 아팠다.

당신이 가장 사랑하는 막내딸은 소식도 없었으니, 그 마음 한켠이 얼마나 쓸쓸하셨을까.

가끔 파독 1세대 어르신들을 만나면 오랜 이국생활 동안 경험한 어려움이나 슬픔은 무엇인지 묻곤 한다 그들이 고국에 남겨둔 청춘은 이국에서의 삶의 동력일 수도 있고 때론 상처의 우물이기도 하다. 파독 간호사로 오신 어르신 한 분이 눈에 물기를 가득 안은 채 가슴의 한을 토로했다.

"너무 멀리 떨어져 있어 돌아가신 어머니에게 전화라도 마지막 인사를 하지 못한 것이 한이 됩니다."

그분의 한 마디 한 마디는 회한의 우물에서 퍼올린 깊은 슬픔이었다.

지금이야 인터넷 전화 등 저렴한 전화료로 세계 어디든 생생하게 만날 수 있지만, 그때의 독일은 이역만리 먼 곳이었다. 그때의 1세대들의 심정을 헤아리면 가슴 한구석이 아련하게 다가온다.

　그분들을 만나고 돌아온 후 수화기를 들었다. 내 의식의 초점은 자꾸만 그곳으로 달려가고 있었다. 하지만, 끝내 아버지는 목소리를 들려주지 않으셨다. 아버지의 목소리는 환청일 뿐이다. 아버지는 자신의 목소리와 함께 지난해 말에 이미 이 땅과의 이별을 고하셨기 때문이다. 어쩌면 질병이라는 육신에 매이지 않고 훨훨 날아 내가 살고 있는 독일 땅으로, 언니가 사는 페루로, 남동생이 사는 미국으로 찾아오시리라 생각하면서도 못내 허전한 것은 어쩔 수 없다.

"사랑의 추억을 기억으로 남기고 천국에서 행복하실 아버지를 놓아드리십시오."

　누군가 갖가지 위로의 말을 건네도 전화기 너머의 아버지가 그리워쉬 놓지 못한다. 이제는 육체적 실체에 연연하지 않고 영혼의 힘으로 견뎌야 함에도 사랑하는 분을 보낸 상처가 아물지 않음을 고백해야 한다.

외국인 노동자의 정체성

한국 살 때는 모르지만, 막상 나와 보니 부딪히는 게 많았다. 겨우 'Ich liebe dich'를 귓전으로 듣고 갑자기 떠난 땅이었다. 물론 무엇보다 독일어의 문제이긴 하지만, '객'이라는 피해의식 때문일 것이다. 한국에는 '코리안 드림'을 향해 이주해온 외국인 노동자들이 늘어나 200만 명에 육박하고 있다. 반대로, 한국에 사는 이들은 또 다른 이국생활의 환상 속에 썰물처럼 빠져나간다. 이렇게 밀물과 썰물 속에 세계는 글로벌화되는지도 모른다.

의대를 진학하려다 오빠들의 공부 탓에 밀려난 옥림 씨는 파독 간호사 선발 소식에 덜컥 지원했다. 그녀 나이 스물한 살이었다. 밝고 명랑했던 그녀에게 독일은 또 하나의 기회의 땅이었다. 새로운 문화를 받아들이는 것도 즐거웠다. 도착하자마자 꿈에 그리던 오토바이도 한 대 마련했다. 중산층의 막내딸로 태어나 남들처럼 한국으로 송금한다는 강박 관념도 없었던 그녀에게 3년은 바람처럼 지나갔다.

하지만, 73년 석유파동의 여파로 인한 불황과 실업률의 증가로 독일정부는 외국인 노동자의 고용을 중단하자는 방안이 나온다. 결국, 1974년 독일에서는 유럽연합 소속 노동자를 제외하고는 외국노동자들의 유입을 차단하는 노동정책이 시행되고, 그녀를 비롯한 많은 한국 간호사들은 고향으로 돌아가야 할 상황이었다. 살아보니까 알지만, 3년이면 겨우 더듬이로 알 만한 시간이다. 언어도 어느 정도 귀에 들리고, 적응이 될 만한 시기다.

당시 많은 간호사들은 '이제 겨우 말귀가 트이고 돈도 모으고 있는데 돌아가기 싫다'는 반응이 많았다. 급기야 체류 연장을 위한 서명운동을 진행했고, 베를린에서만 3천 명 이상의 서명을 받았다. 이러한 결과로 베를린 정부 내무부장관과 인터뷰가 허락되었고, 베를린 시가 처음으로 무기한 체류허가를 허락하게 되었다.

한국 간호사들은 초창기에는 언어적 소통으로 어려움을 겪었지만, 성실성으로 독일인들에게 인정을 받았다. 가장 인기있는 외국인 노동자인 셈이다.

2년 전 우리 집 은행계좌에 200유로가 들어와 있었다. 독일 정부에서 지급한 돈이었다. 매월 킨더겔트(아동수당)라는 명목으로 두 아이에게 일정금액이 지급되지만, 이번에는 한시적으로 추가 지급된 것이다. 그해 독일 경제가 나아지면서 예산이 남아 아이들이 있는 가정에 한 아이당 100유로씩 나눠주기로 했다는 것이다. 소름끼칠 정도로 체감적이었다. 한국에서 국가 예산이 남았다는 증거를 알 수 있는 것은, 스산한 가을 바람이 불 무렵 수시로 뚫고 막던 인도 보도블록 작업뿐이었다. 아이들 특별수당 지급은 독일에 온 외국인으로서 느낀 특별한 경험이었다. 병원진료 부분에서도 그렇다. 가족 중 한 사람이 암에 걸리면 온 식구가 간병 때문에 매달려야 하고, 가정경제가 파탄에 이르는 우리 상황을 볼 때, 독일은 모든 사람에게 평등한 의료혜택을 부여한다. 간병 또한 병원 중심으로 이루어져 가족이 지치지 않도록 한다.

독일에 와서 옥림 씨는 복지정책에서 문화충격을 받았다. 개인의 열정만 있다면 공부할 수 있는 통로가 열렸고, 어려움에 부딪혔을 때 구제받을 수 있는 곳도 다양했다. 올해 정년을 맞는 그녀는 외국인 노동자로서 홀대받은 기억이 그다지 많지 않다. 단지 같은 병원 내에서 독일인 간호사의 시기와 질투를 받아 일이 힘들었던 적은 있다. 비유가 맞을지 모르지만, 거지가 부자를 질투하기보다 옆 동네의 거지를 경쟁대상으로 생각하고 질투한다는 말과 맥락이 같다. 같은 처지인 사람들이 오히려 타인이 조금 앞서가는 것을 시기한다는 것이다. 동료 독일간호사도 그러했다. 하지만, 반대의 경우도 만났다. 사실 그녀가 외국인 노동자로 당당하게 삶을 개척할 수 있는 데에는 외국인이라 터부시하지 않고 진정한 친구로 받아준 독일인들이 많았기 때문이다. 초창기 옥림 씨 병원 수간호사로 있었던 독일인 카타리나는 한국인들의 어머니나 다름없었다.

옥림 씨의 멘토가 되어주었고, 방패막이가 되어 주었다. 특히, 고향이 그리워 울적일 때 새로운 용기와 기회를 준 간호사였다. 휴가 때는 자신의 일정을 맞추며 함께 여행을 했고, 일일이 독일문화에 대해 알려주었으며, 독일생활에 적응할 수 있도록 도와주었다.

독일인 간호사 카타리나는 옥림 씨를 따라 한국에도 두 번이나 여행을 다녀왔다. 지금도 가족처럼 지내기에 크리스마스나 특별한 독일 명절엔 찾아가 만나기도 한다.

현재 83세인 카타리나는 함부르크 시내에 있는 양로원에서 고양이 마틸다와 함께 여생을 보내고 있다. 그는 한국인 간호사들과 함께했던 그때를 회상하곤 한다.

"조그만 체구로 억척스럽게 일하는 것을 보면서 안쓰러웠어요. 한국 간호사들은 정이 많고, 지혜롭고, 나눌 줄 아는 여성들이었죠. 그때를 생각하면 참 행복해요."

한국도 외국인 노동자 역사 20년이다. 그에 따라 외국인과 다문화 가정도 늘어간다. 우리나라 또한 해외에 노동자로 나갔던 역사가 있다. 나라가 못 살 때 외화벌이에 나섰던 것이 반세기도 채 되지 않는다. 그런 의미에서 한국 내 공존하는 이주 노동자들을 마냥 타인의 시선으로 보기보다는 공감의 시선이 필요하다. 우리의 과거 자화상이기 때문이다. 이주민 노동자들이 당당하고 행복하게 살 수 있도록 곁에 있는 한국인이 관심을 가져야 할 것이다.

숲이 주는 감흥과 설렘

독일어의 게니센(genicßen)은 '즐기다'라는 뜻이다. 독일인들은 게니센 하기 위해 여행을 떠나고 쉼을 선택한다. 나에게 있어 숲은 '게니센' 하는 곳이고, 정리와 명상의 공간이다. 일상의 분주함을 떠나 자연이 호흡하는 숲으로 떠나면 세속적인 인간도 자연의 파편이 된다. 숲의 고즈넉함에 취하다 보면 심연의 깊은 찌꺼기들이 분출한다. 어지러운 마음의 조각들이 모여 어느새 맑은 옹달샘이 된다.

숲은 강렬하다. 주도면밀한 마력이 치열하게 세상과 소통한 내 이성을 단숨에 들이마신다.

그리고 난 결국 자연의 포로가 되어 몸을 맡긴다. 숲은 내가 생각하는 것보다 훨씬 더 리얼하고 순수하다.

적막이 흐르는 가을을 보내고 12월에 들어서면 독일은 갑자기 흥분

상태에 빠진다. 크리스마스를 정점으로 그 여세는 한 해의 마지막 날인 실베스타까지 이어진다. 스산한 바람이 불기 시작하면 모두 연말계획에 대해 묻곤 한다. 그리고 그들만의 화려한 파티를 꿈꾼다.

2년 전 실베스타를 가족과 함께 독일 작센지방에 있는 '마녀의 숲'에서 보냈다. 중세시대에 마녀들이 모여 회의를 했다는 곳이다. 나무들이며 숲의 모양새가 마녀가 나올 듯한 음산함을 풍긴다. 차갑고 하얀 눈덩이 속을 들춰보면, 그 속에 지하 용암이 맹렬하고 뜨겁게 잠복해 있을 것 같은 열정의 숲이다. 기가 막힌 절경에 어울릴 만한 스릴 넘치는 스키장과 썰매장이 있다.

주변에 생필품을 살 만한 곳이 눈에 띄지 않았다. 주민으로 보이는 이에게 슈퍼가 어디 있느냐고 물었다. 대답은 자동차로 꽤 먼 거리를 나가야 한다는 것이다.

"이곳은 죽음의 사각지대지요. 여름과 겨울 휴가철에만 사람들이 쉬려고 겨우 기어 들어오는 곳이죠. 평소에는 사람의 인적이 없답니다."

더러 보이는 주민들도 어쩌면 휴가를 즐기러 온 이름 모를 객들인 게다.

여느 독일인들처럼 우린 폭죽을 터뜨리고, 눈이 내리는 숲 속 가운데 작은 오두막집에서 하얗게 밤을 지샜다. 그때 우리 가족과 동행한 한 독가정(한국인+독일인으로 이뤄진 부부)이 있었다. 한국인 아내 서정은 나보다 5살 나이가 많아 평소 언니라고 부를 정도로 절친이었다. 서정 언니는 한국에서 여고 영어 선생님으로 일하다가 말 그대로 독일어가 좋아 이곳에 왔다. '어느 날 독어가 갑자기 삶 속에 들어왔다'고 표현한 그녀는 이곳 독일에서 독문학을 전공했다. 교수가 되는 꿈을 꾸었지만 독일 남편을 만나 안주했고, 아이를 낳자 아이에게 헌신적인 어머니로 안착했다. 그녀는 항상 열정적이었다. 철학, 정치, 인문학에 조예가 깊었으며, 토론하는 것을 즐겼다. 아이들은 밤새 마블게임을 하다 거실바닥에서 스르르 잠이 들었고, 그들 부부와 우리 부부는 밤새 주전부리를 입 앞에 놓고 '해피 뉴이어'를 맞이했다.

서정 언니와 나는, 서거 200년이 되는 독일의 극작가 하인리히 폰 클라이스트(Heinrich von Kleist)에 대해 이야기를 나눴다. 1811년 11월 21일에 한 개의 별이 역사 속에서 사라졌다. 그 별은 당시에는 괴테와 쉴러, 칸트 등 화려했던 별들에 묻혀 빛을 발하지 못했다.

그리스 신화에 등장하는 여전사(女戰士) 부족 아마존족의 여왕 펜테질레아와 그리스의 명장 아킬레스 사이의 이뤄질 수 없는 사랑과 비극을 다룬 '펜테젤레아'로 우리에겐 알려진 극작가이자 시인이다.

독일에서는 도로나 주소 등에 추앙받는 인물의 이름을 인용하는 경우가 많다. 20세기 이후 독일 문학계에서 재평가된 클라이스트도 예외는 아니다.

베를린에서는 그의 이름을 딴 '클라이스트 공원'과 '하인리히 폰 클라이스트 초등학교', '클라이스트 박물관'도 있다. 그는 베를린 근교 프랑크푸르트 오더(남독에 있는 프랑크푸르트와는 다른 곳임)에서 태어나 어린 시절을 베를린에서 살았다.

그리고 비운의 삶을 보내며 권총 자살로 생을 마감한 곳도 이곳 베를린의 '반제'라는 호수다.

클라이스트는 베를린 지역에 근거지를 둔, 프로이센 제국이 강성하던 1777년에 태어났다.

세계문학의 거장인 괴테와 같은 시대를 살았던 인물이다. 프로이센 군장교인 요아킴 프리드리히 폰 클라이스트와 그의 두 번째 아내인 율리아네 울리케 사이에서 태어난 그는 10살 때 아버지를 잃고 16살 때는 어머니마저 여의게 된다.

이후 자연스럽게 프로이센 기병장교로 7년 정도 복무했지만, 회의를 느껴 작가로 전업했다. 그는 군대생활을 '압제자의 살아있는 기념물'이라고 회고하며, 자유로운 영혼의 통로를 막는 것이라고 단정했다.

칸트(1724~1804)의 철학에도 심취했지만 영혼의 절대적 빈곤을 해소해주진 못했다.

정치에도 관심을 가졌다. 1806년 나폴레옹이 베를린을 점령할 때 나폴레옹에게 격렬하게 투쟁했고, 민중의 의식을 바꿔놓고자 했다.

나폴레옹에 대한 불같은 증오로 쓴 "헤르만의 *싸움*(Die Her-rmannschacht)"도 그때 탄생했다.

그의 작품은 20세기 들어서 재인식되고 있다. 고전주의시대를 살았지

만, 시대를 앞서간 모더니즘의 선구자로 호칭되고 있다. 괴테로 대표되
는 고전주의 문학에 신선한 충격을 던졌던 그의 작품들은 당시에는 그
래서 더욱 외면당했다. 그의 발상이 시대를 앞서간 삶의 비극과 에로티
시즘, 몰락에 대한 통찰로 점철되었기 때문이다.

이제 그는 괴테와 함께 나란히 독일어 교과서에 빠질 수 없는 천재적
작가로 평가되고 있고, 그의 작품 공연 및 실험극 등 문화예술 측면에서
의 연구가 활발하다.

그는 주옥같은 작품들을 남겼지만, 당시엔 빛을 보지 못했다.

그는 당대에 이름이 높았던 괴테를 뛰어넘고 싶었다고 한다. 그러나
탄탄한 지지기반과 명문가적 배경에 둘러싸인 괴테의 명망을 뛰어넘는
것은 무리였다. 계속되는 영혼의 피폐함 속에 사로잡힌 그는 자살을 결
심하고 1811년 11월 21일 드디어 실행에 옮기게 된다. 결국, 불치병으로
고생하던 그의 첫 번째 여자친구인 헨리에테 포겔(Henriette Vogel)과
함께 포츠담 근처 베를린 호수에서 37세의 짧은 생을 마감한다.

'아! 불멸성이여, 죽음을 통해 삶이 내 것이 되었구나.'라고 고백했다는
그를 통해 존재와 불멸의 의미를 되새긴다.

200년이 흐른 후에 세인의 주목을 받는 그를 보며, 그가 갈구했던 불
멸성의 갈구가 죽음을 통해 가능한가를 겨울의 끝자락에서 많은 독일
인들은 자문한다. 200년 후의 후예들은 그를 200년 전 고전주의 대가들

과 나란히 어깨를 마주하도록 하는 데 주저하지 않는다. 지금 현대인들이 고민하는, 몰락에 대한 내면의 통찰을 이미 정립한 천재이기에 공감지수가 높아서인지도 모른다. 클라이스트를 이야기하는 사이에 한 해의 마지막 밤은 무르익었고, 우리는 어김없이 새로운 해를 맞았다.

숲에서의 게니센을 읊으며, 우리는 클라이스트의 죽음 속 불멸성을 부인하기로 했다. 천재 극작가의 아쉬운 37세의 일기를 한탄스러워하며 말이다.

외로운 타향살이의 결말

그들에겐 뿌리에 대한 근원적 갈증이 있었다. 나이가 들수록 모국어가 되살아나고 제2외국어인 독일어는 어눌해진다. 음식 또한 어린 시절 어머니가 해주신 구수한 된장국이 그립고, 엉덩이를 덥혀줄 온돌방이 그립다.

파독 1세대가 점점 모국 지향적 문화 스타일을 그리워하고, 자신들이 남겨두고 왔던 60년대의 한국을 고수하고 있지만 정작 독일에서 태어난 그들의 자녀인 2세대는 그렇지 않다. 독일에서 태어나 독일 친구들과 살아가는 그들에게 한국은 단지 부모님만의 고향일 뿐이다. 밤 근무에 지친 어머니에게서 한국어 교육을 제대로 받지 않은 2세들은 자신의 피에 흐르는 한국의 언어를 구사할 줄을 모른다. 사춘기에는 정체성의 혼란과 '자화상'에 대한 회의 속에 끊임없는 질문을 해댄다. 그들의 부모님은 윗세대 부모님에게 훈육 받은 고유의 한국방식대로 2세대들을 양육하

고 싶어하지만, 독일 문화에 젖어든 아이들은 한국의 가정문화에 이질
감을 느끼게 된다.

　통상 독일 아이들은 만 18세가 되면 부모의 곁을 떠난다. 부모는 자식
을 떠나보내야 하는 당위성을 인지하면서도 쉽게 마음을 버리지 못한
다. 그에 따른 상대적 박탈감은 크다. 한국의 부모들처럼 파독 1세대들
의 자식 교육의지는 강하다. 자식이 스스로 자립할 수 있을 때까지 돕고
싶어한다. 그리고 남들보다 뒤처지지 않도록 물심양면 지원하길 원한다.
독일의 부모들과는 사뭇 다르다.

　이제 한국 또한 자식을 노인연금보험쯤으로 생각하는 시대는 이미 갔
다. 하지만, 정작 60년대 독일에 온 한인 1세대들은 내면적으로 자식에
기대고 싶어하는지 모른다. 타국에서 고생한 것을 누군가에게 보상받
고 싶은 욕구가 있을지도 모르기 때문이다. 그에 비해 이곳에서 자란 아
이들은 독립적인 삶을 바라고, 그 길을 걷는다. 나이 든 부모를 부양할
의무와 책임도 없다. 그런 면에서 그들 부모와 자식 세대 간 내면적 갈등
과 딜레마가 상존한다. 1세대는 독일의 가족 시스템을 인식하면서도 자
신이 대한민국의 가족문화를 습득한 세대라는 점을 무언중에 주지시키
려 노력한다. 따라서 장성한 2세대와 부모세대 간 가족문화적 딜레마가
공존하는 셈이다.

　이제 파독 1세대의 노년이 다가오면서 그들의 현재의 삶은 또 한 번 위

기를 만나고 있다. 집을 마련하기 위해 몇십 년 상환으로 은행 빚을 낸 그들은 매달 헉헉거리며 또다시 경제적 곤궁에 빠졌다. 게다가 연금 또한 젊은 시절 한국으로 송금한 탓에 생활비도 없을 정도로 궁핍한 삶을 이어가는 이가 많다.

독일에 집을 보유하는 경우도 마찬가지다. 집은 가지고 있어 부자인 것 같지만, 실질경제는 나아지지 않는다. 젊을 때와 마찬가지로 그들은 끊임없이 목적을 향해 여유 없는 삶의 방식을 이어가는 것이다.

어느 파독 간호사는 젊은 시절 한국으로 송금하기 위해 주스가 먹고 싶어도 마시지 않고 수돗물을 마시며 돈을 모았다고 했다. 독일의 삶을 이야기하자, 한국 동생늘의 답변이 기관이다.

"왜 그렇게 살았어? 누가 그렇게 살래?"

결국, 파독 1세대에게 다가온 것은 허탈감과 상실감이다. 그들의 노후는 이렇듯 외로움과 2차적 곤궁에 처해 있다. 고국이 그리워 없는 형편에 돈을 마련해 고향땅을 밟지만, 그것도 여의치 않다. 부모는 돌아가시고, 40년을 띄엄띄엄 연락을 주고받았던 형제들은 남보다 더 먼 당신이다. 게다가 늙고 병들기라도 하면, 꿈도 꾸지 말아야 할 일이다. 오랜만에 밟은 고국은 마치 이방인의 관광지처럼 낯설기만 하다.

세상은 바뀌었다. 살구나무, 벗나무 피던 마을은 도로가 뚫리고 초가지붕의 박덩굴은 어느새 아파트 촌의 딱딱한 성냥갑으로 변신했다. 누구 하나 자신을 초대해 한국의 정을 느끼며 밥 한 끼 먹자거나, 하룻밤

신세를 질 수 있는 시인도 없다. 결국, 고국은 더욱 돌아갈 수 없는 이방인의 땅이 되어가는 것이다.

이국땅에서의 노년은 외롭다. 나이 들면 외롭고 서글퍼지는 것이 어디 이국땅만이겠는가마는, 그래도 타향살이의 슬픔은 몇 배가 힘들다. 너무 아파서 곧 쓰러질 것 같아 주변 이웃에게 도움을 청하고 싶지만, 선뜻 다가와 줄 이웃이 없다. 한국인들과 지나간 청춘을 추억하며 담소를 나누고 싶지만 가까운 곳에 한국인 친구도 없다.

이국에서의 삶의 기간은 대체로 짧은 편이다. 40년 전에 함께 왔던 벗들은 어느새 지상과의 이별을 고하고 사라진 지 오래다. 그 흔적조차도 찾아보기 힘들 때가 잦다. 어느 후미진 공동묘지 어딘가 돌아보는 이 없이 쓸쓸하게 서 있는 묘지의 한글명이 외로운 타향살이의 종말을 대변해 줄 뿐이다.

2013년은 파독 노동자 50년이 되는 해다. 스무 살 청춘이던 그들의 나이테는 황혼을 바라보는 칠십의 노인으로 겹겹을 이룬다. 가난했던 시절, 춘궁기를 이기고자 낯선 상공을 날았던 그들, 설움을 견디며 지금의 대한민국을 조성하게 한 파독 1세대.

그들의 흔적이 대지 가운데 사라지는 것이 못내 아쉽다. 역사의 파노라마에서 산업화의 역군으로 그저 '나라가 한창 힘들 때 파독된 청춘'이라는 단 한 문장으로 대접해주기엔 그들의 수고가 애처롭다. 현재의 '대

한민국'의 이름 아래 '경제건설의 기적을 이룬 나라'라는 꼬리표를 붙게
한 데는 분명 파독 1세대들의 노고가 크다.

언젠가 한인 모임에 가서 그들의 소소한 이야기를 들을 기회가 있었
다. 기억나는 이들의 말을 주섬주섬 적었는데, 나직하게 들리는 그들의
이야기를 다시 들어본다.

· 김OO 파독 광부

나이가 점점 들다 보니 고국에서 살고 싶었습니다. 그래서 6개월을 살
아 보았습니다. 하지만 한국은 더 이상 우리가 떠나왔던 60년대와는 판
이하였습니다. 특히, 아끼지 않고 흥청망청 쓰는 젊은이들을 보면서 실
망스러웠습니다. 한국에서 노후를 지내고 싶었는데 어려움이 많았습니
다. 이곳에서도 친구가 없고, 외로움을 나눌 대상이 없습니다. 어디에서
삶을 마감해야 하나? 아직도 결정을 못 하고 있습니다. 참 한심한 노릇
이지요.

· 이OO 파독 광부

광부 계약기간이 끝나고 이곳 독일의 작은 회사에 일을 했습니다. 조
금 나이가 들자 장사를 하기 시작했는데 잘 되지 않았습니다. 지금 연금
이 한 달에 300유로(한화 40만 원 정도)밖에 안됩니다. 나이가 들면서
독일어도 잘 안 되어 통역이 필요할 정도이고 생활적으로 쉽지 않습니

다. 한국으로 돌아갈까 생각해도 돈이 없기 때문에 그럴 수도 없습니다.

· 김○○ 파독 광부

한국에서도 타향, 이곳에서도 타향살이입니다. 외국에 살다 보니 황망함을 느낍니다. 젊어서도 한국으로 돌아가서 살려고 열심히 노력했지만, 시간은 흐르고 이렇게 나이가 들어버렸습니다. 이제는 독일사회 동포들의 노후대책이 마련되어 할 시기입니다.

· 정○○ 파독 광부

78년에 독일에 왔습니다. 탄광에서의 일은 너무나 힘들었습니다. 탄광 속에서 지치지 않은 것은 고국에 대한 그리움이었습니다. 언젠가는 고향에 돌아가서 살아야 한다고 생각하는데 말처럼 쉽지가 않습니다. 고향처럼 느낄 수 있는 그런 공간이 마련되길 바랍니다.

· 이○○ 파독 간호사

독일의 사회복지는 잘 되어 있지만, 개개인이 잘사는 것 같지는 않습니다. 나의 경우 젊어서 한국으로 송금하고 힘들게 살았습니다. 중간에 연금을 목돈으로 찾아 한국으로 보내다 보니 노후연금은 턱없이 적은 액수입니다. 1유로 쓰는 것도 아까울 지경입니다. 가끔씩 왜 이렇게 살아왔나, 나 자신에게 자문해 보지만 최선을 다했던 삶에 돌을 던질 순 없지 않습니까? 마지막에 함께할 수 있는 벗이 있다면 행복하겠지요. 지금 이 순간 어머니가 묻힌 땅, 고향이 그립습니다.

· 김OO 파독 간호사

젊어서 고생은 사서도 한다고 했으니, 열심히 살았던 독일생활을 후회하지 않습니다. 이제 우리나라도 잘살게 되어서 그래도 어려웠던 시기에 고국 경제에 도움이 되었다는 것만으로도 뿌듯한 건 사실입니다. 하지만 그러면 뭐합니까? 나에게 남은 건 혈혈단신 남겨져 있는 내 늙은 육신뿐인 것을. 백골의 재라도 거두어 줄 수 있는, 마지막에 함께할 수 있는 그런 존재가 제겐 필요합니다.

· 최OO 파독 광부

이곳저곳에서 파독 광부 동료들의 부음 소식이 들려옵니다. 이제 내 차례구나, 생각하며 죽음을 체감하지만, 마음 속에 허허로움이 밀려옵니다. 이제 하나 둘 막장의 동료들이 하늘나라로 떠나고, 결국 영혼은 그리도 가고 싶었던 고국 땅 두메산골 오두막집 자신의 집으로 훨훨 날아가겠지요. 죽어서나 고향의 내음을 마음껏 맡을 수 있을는지요.

· 이OO 파독 간호사

한국에서 산 날보다 독일에서 산 게 더 많습니다. 이제 우리는 역사책에 겨우 한 줄이나 기록될 정도로 남지 않을까요? 힘들게 살아왔던 고국, 그리고 배고픔을 연명하기 위해 머나먼 타국 비행기에 올랐던 그때가 생각납니다. 우리나라도 웬만큼 잘살게 되었다는 소식이 들려옵니다. 후세들이 고난 속에 고국을 그리며 열심히 살았던 파독 1세대를 기억해주셨으면 합니다. 그러고 보니 40년 세월이 흘러 어느새 세상과 이별할 때가 다가왔네요. 사랑하며 사세요.

예술은 인생의 행복을 알아가는 것

연극의 초연 같은 짧은 봄날이 아서워 잰걸음으로 그를 만나러 나섰다. 어쩌면 시간이 지날수록 그의 분주한 여정 탓에 대면이 어려워질 것이란 위기감이 들었다. 그리고 아마도 긴긴 독일의 겨울을 보낸 후 짧은 봄날의 휴식을 가질 것이란 생각 때문인지도 모른다. 기우였다. 그의 분주한 일상은 계절에 아랑곳 없다.

그를 소개하자면 딱히 무어라 꼬집어 말하기가 어렵다. 단순히 레퍼토리만 즐비한 것이 아닌 히트곡도 많지만, 그를 어떤 범주 속에 한정시키고 싶지 않아서다. 그래도 굳이 소개하자면 독일에서 만능 예술인으로서의 당당한 입지를 굳힌 한국인이라는 점. 내가 수집한 사전정보는 연극인, 소리꾼 그 정도였다. 하지만 그의 소소한 진면목을 들여다 보면 끊임없는 자기계발을 통해 어디로 튈지 모르는 열정의 다이내믹을 가졌다는 것. 한 마디로 그는 일의 시야가 넓다.

독일에서 활동하는 만능 여성 예술인 강씨.

첫 느낌이 주변을 압도할 만큼 묵직하다. 행동의 동선이 크지 않고 절제된 표정이 미묘한 조화를 이루는 캐릭터다. 현재의 포지션을 묻는 말에 "우리 소리도 하고, 코치도 하고, 연극도 하고 독일 텔레비전 드라마(kriminalist)에도 출연하고, 뭐 그렇죠."

건성으로 말하는 것 같은데 그의 일상이 범상치 않다.

"열 가지 재주 있는 광대가 저녁밥을 굶는다."라는 말이 있다. 이것저것 기웃거리다 세월 보내는 사람 많이 보았고, 그것을 빗댄 말임을 우리는 안다. 한 우물을 파지 않는 이유도 궁금하다. 그에게 있어 분명히 한 우물만 파도 인생에서 얻을 충분한 명예와 만족이 있을 것 같아서다.

"저에겐 인생 자체가 도전이고 배움의 공간입니다. 어쩌면 남들이 가지 않은 길을 개척하고 싶은 머메르즘 성향이 강할 걸까요? 하고 싶은 일이 생기면 '열정'이라는 도구를 사용해 영역을 넓혀갑니다. 제가 하는 일들의 모토는 하나로 연결됩니다. 코칭도, 연극도, 영화도 모두 예술로 연결되어 있고, 그 예술은 결국 인생의 행복을 알아가는 것으로 귀결됩니다."

경북 포항에서 태어난 그는, 어릴 때부터 '산다는 것이 무엇인가'를 끊임없이 질문하고 철학적 사색을 즐겼다. 연극이 좋아 공연무대에서 사회의 첫발을 디딘 그는 84년 독일로 오기 전까지 극단 '에저또'와 '76극단', '데아트로 무'에서 활동했다. 참고로, 에저또 극단은 최초라는 수식어가 따라붙는다. 66년에 창단되어 최초의 언더그라운드 연극을 시도하기로 유명하다. 최초의 판토마임과 가두극을 공연하고 한국 최초로 극단 전용의 소극장을 마련했다. 하지만, 이러한 화려한 스펙보다 더 중요한 가치는 독재정권의 서슬 속에 자신의 목소리를 내었던 극단이라는 점이다. '에, 저, 또'의 의미는 단순한 발어사를 나타내는 말로, 당시 침묵과 말더듬증이 요구되었던 삐뚤어진 시대에 대한 통렬한 비판과 풍자가 담겨 있다.

에저또에서 활동한 그는 안숙선, 임진택 씨에게서 남도 소리를 사사하기도 했다. 그의 탄탄한 판소리 솜씨는 연극무대에서 자신만의 색깔을 띤 독특한 소리극 장르를 탄생시켰고, 연극연출가인 독일인 남편(Lenz Dietmar)과 함께 '살푸리' 극단을 만들기도 했다. 남편 렌츠 씨는 연극 'Quest'(97-2002)를 통해 한국 공연사회에도 익히 알려졌다.

지금까지 30년 이상 공연무대에 서온 강씨는 활약한 작품도 다수다. 주요 작품으로 "학의 소녀(94년)", "춘향 사랑의 길(95년)", "흥부이야기(96년)", "새들의 회합", "바리공주(2006-2007년)", "안티고네" 등 대부분 자신을 찾아가는 스토리에 몰입한다. 게다가 우리 것을 사랑하는 민족적 가치관은 독일 사회에 우리 문화와 소리를 알리는 전도사의 길을 걷게 했다. 독일 사회에 알려지면서 판소리 이야기꾼으로 독일 초등학교 및 단체 등에 초빙되어 강의를 한다.

얼마 전부터는 마음수양의 연결선상에서 생활 속에서 일어나는 일들을 상담하며 소통하는 코칭의 영역에 뛰어들었다. 그는 직장이나 가정에서 경험할 수 있는 소통의 단절을 적절히 극복하게 하고, 자기계발을 도와 비전을 열어주는 지침 역할을 한다. 앞으로 소통의 문제를 갖고 있는 이들을 본격적으로 돕기 위해 코칭센터를 세울 꿈을 꾼다. 연극과 마음수양, 코칭활동 외에도 1년에 20일 정도는 영화촬영이나 독일 드라마에도 출연하는 그는, 자신을 알기에 더욱 행복한 미래를 꿈꾼단다.

50대인 현재가 가장 행복하다고 생각하는 그.

인생을 얼마나 잘 받아들이느냐에 따라 행복의 가치가 달라진다고 덧붙인다.

"스트레스를 어떻게 푸세요?"

곧바로 터져 나온 대답.

"전 스트레스 같은 거 전혀 없어요."

"설마요. 살다 보면 선생님도 스트레스는 있을 거 아니에요?"

"마음을 알게 되면 스트레스 같은 건 존재하지 않지요,"라고 무덤덤하게 말하는 그.

"꽉 움켜쥔 종래의 삶의 방식을 내려놓고 자기 곁의 행복을 발견하고 붙잡아야 해요. 인생의 목표는 행복이잖아요."

열매는 노력을 배신하지 않아

2세들이 날개를 달았다. 독일로 갔던 사람들의 첫 후예들이 30~40대를 들어서며 독일 주류사회의 주목을 받고 있다.

이민 1세대에게 있어 타국의 설움과 성공이 부담으로 작용했다면, 2세대는 뿌리에 대한 정체성의 혼란이 강타했다. 하지만, 사춘기를 잘 넘어 중년의 기류에 합류한 2세들은 이제 부모세대가 흘렸던 노동의 눈물을 닦아주고 새로운 한인세대 기류를 만들어가고 있다. 독일 내 이민 2세들의 문제가 심각한 사회문제로 떠오르는 지금, 다른 이민자들에 비해 가장 교육이 잘된, 사회적으로 안정적인 위치를 유지하는 2세들의 모습이 본보기로 매스컴에 오르내린다. 독일어와 영어 등 외국어에 능하고, 성실한 부모의 피를 이어받은 2세들은 독일사회에서 우월한 유전자로 평가되고 있다. 아비투어(대학 학력고사) 최고점수 득점자가 한국계라는 말도 심심찮게 들린다. 게다가 한국어를 잘 구사하는 2세들이라면 독일에 진출한 한국기업에서 콜 세례가 쏟아진다.

독일에 한글학교가 시작된 것은 73년 4월, 쾰른 한국인학교가 필두로 13개교가 설립되었다. 80년대에는 20개교, 90년대에는 5개교가 설립되었다. 한글학교 초창기 2세들은 매주 한 번씩 열리는 한글학교에 가곤 했다. 하지만, 사용하지 않은 언어는 사장되기 마련. 어릴 때 한글학교에 다니다 중단해 한국어 수준이 좋지 않은 2세들은 성장해서 후회한다고 한다. 뒤늦게야 철이 들어 한국어를 배우는 2세들도 심심찮게 볼 수 있는 것은 참으로 고무적인 일이다.

파독 광부들의 경우, 3년의 계약기간이 끝나면 한국으로 돌아가거나 미국, 캐나다 등으로 이주했다. 하지만, 독일에 잔류해 파독 간호사와 결혼하고 자영업을 하는 이들도 많았다. 그들은 어려웠던 자신들의 청춘에 대한 아쉬움을 자녀들의 교육에 오롯이 쏟아부었다.

2세들은, 간혹 '어느 나라 사람이냐'라는 질문을 받곤 했다. 그들에겐 정체성을 받쳐줄 만한 정신적인 자신감이 필요했다. 그것을 스스로 찾아야 했다. 자라면서 2세들은 한국을 방문하기도 하고, 자라면서 자신의 부모가 번 돈으로 한국경제를 살렸다는 위로를 듣게 된다. 2세 간 네트워크를 형성하면서 부모님 세대를 이해하려고 노력한다. 부모의 훈계가 자신들을 수렁에 빠뜨리지 않는다는, 우리 식의 강한 교육방식이 마냥 틀리지만 않다는 것을 자라면서 체험하게 된다.

김나지움에서 라틴 어와 종교, 체육 교사로 일하면서, 최근 단편영화
「일어나라(Steh Auf)!」를 제작한 교포 2세 정승현 감독은 이러한 2세들
의 고뇌를 고스란히 드러냈다. 광부 출신인 아버지와 간호사인 어머니
의 이야기를 단편영화에 담아냈다. 그는 영화를 통해 "교포 자녀들이 부
모님의 헌신적인 고생으로 부족함 없는 환경에서 성장한 경우가 대부
분이다."라며, 부모님에 대한 고마움을 표현하고자 했다고 한다.

어릴 때는 느끼지 못했던 부모님에 대한 고마움이, 커가면서 점차 실
감하게 된다는 2세들을 볼 때마다 1세대 분들이 수고한 노력이 열매로
맺혀가고 있다는 생각을 한다.

2세들의 활약 소식은 독일에 사는 한국인들에게 자긍심을 심어준다. 1
세대가 갖지 못한 전문적인 영역에서 자신의 기량을 한껏 발휘하고 있다.

2010년엔 독일 튀빙엔 대학 한국학과에 교포 2세인 이유재 교수가 학
과장으로 부임했다. 초등학교 때 독일로 이주한 후, 부모님의 열성적인
한국어 교육에 힘입은 탓이다. 이외에도 최근 2만 8천여 명의 학생들
이 재학하는 독일 바덴-뷰어템베르크 두알렌 대학교(DHBW, Dualen
Hochschule Baden-Wurttemberg)의 바트-메어겐트하임 캠퍼스 학장이
된 김선수 교수가 화제다.

또 동양인으로는 최초로 독일 아이스하키 무대에 섰던 2세 현종범 씨
는 책 집필활동에도 열심인 문학도이기도 하다. 5세 때부터 아이스하키
를 시작해 15세 때 독일 청소년 국가대표에 발탁되었고, 2004년엔 프로
선수로 입단했다. 누나는 의사로, 동생 또한 기업체 매니저로 전문인의
길을 걷고 있다. 그는 자신의 핏줄에 한국인의 강한 정신력이 흐른다는
것을 깨달았고, 인종차별을 느낄 때마다 포기하지 않았다고 한다.

경영 전문인도 배출되었다. 광부와 간호사 가정의 2세로 유럽경영대
학(ebs)을 졸업한 김지완 씨는 모건 스탠리에 스카우트되었다.

음악 분야에서도 남다르다. 광부와 간호사 사이에서 태어난 2세 록가
수 조지인 씨는 한국가수 윤도현 씨와도 무대에 오른 바 있는 인기 가수
다. 그녀는 쾰른음악대학에서 피아노와 보컬을 전공한 수재로 독일의
신인가수를 발굴하는 인기 프로그램에 발탁되어 주목을 받았다.

재독 동포 2세인 패트라 진아 씨는 2세로는 최초로 비행기 조종사가
되었다. 파독 간호사의 딸로 태어난 그녀는, 남성들의 직업으로 여겨지
는 비행기 조종사가 되어 동포 2세들의 마음에 날개를 달아주었다. 독
일항공 조종사 과정에 입학, 이론, 실기 등 독일과 미국 애리조나주의 피
닉스에서의 비행훈련 실습과정 등을 성공적으로 마쳤다.

열매는 노력을 배신하지 않는다. 부모의 꿈은 고스란히 2세에게 스며
들었다. 이들 성공하는 2세의 배경에는 한국인 엄마가 있다. 병원 근무

를 마쳐도 쉬지 못하고 아이들을 독려해 학습을 지도했다.

어느 파독 간호사는 밤 교대근무를 가려고 하는데, 열이 펄펄 난 아이가 다리를 붙잡고 "엄마 가지 마."라고 애원했다. 누구한테 맡길 사람도 없어 열이 불덩이인 아이를 끌어안고 펑펑 울었던 기억이 많았다. 그 어려웠던 시절을 지나 아이들이 보란 듯이 잘 자라주어 고맙다고 말했다.

쾰른에 사는 김영자 씨는 정년퇴직을 했지만, 아직도 파트타임 간호사로 일한다. 아들이 아직도 공부를 계속하고 있기 때문에 공부를 마칠 때까지 지원해야 한다고 했다.

"나는 힘들게 살았어도, 자식들은 안 그랬으면 하지요. 그래도 지금까지 일할 수 있는 건강이 있으니 감사할 뿐이죠."

자식들을 위해서 자신을 희생하고는 웃음 짓는, 천생 우리네 어머니의 모습이다.

독일 전역에는 변호사와 의사, 체육인, 과학자로 활발한 활동을 하는 2세가 많다. 그들은 전문성을 가지고, 사회 각 분야에서 제 몫을 담당하는 인력자원이다. '신한류 바람'을 타고 재독 교포들의 시너지 역할을 감당하고 있는 셈이다. 하지만, 그들에겐 국제화된 감각을 갖되, 한국인의 정체성을 가지고 살아갈 수 있는 뜨거운 그 무언가가 절실하다.

이제 2세를 넘어 3세가 자라나고 있다. 시간이 흐르면서 인종의 장벽이 없어졌으리라 기대했지만, 아직도 그들은 이국땅에서 이방인이다. 어디에도 안주할 수 없는 외로운 영혼, 그곳에서 2세가 성장했고, 3세가 태어났다. 독일에 와서 부모님이 일궈놓은 밭에서 잘 자라 열매를 맺은 후예들이 그 밭을 일군 할아버지, 할머니를 기억하며 자라나길 소망한다.

축복은 강렬한 무더위 끝에 다가온 다디단 열매에 있다. 1세가 남긴, 힘든 무더위의 흔적은 현재 2세에게 다디단 축복으로 다가오고 있다.

‘바우하우스’라는 매장에 가서 해바라기 씨를 샀다.

꽃을 좋아하는 어머니가 유럽의 해바라기에 반했다. 어머니는 해바라기 씨를 정성스레 심었다. 고향집 정원에 꽃을 피운 해바라기는 자태가 제법이다. 정원을 유럽의 가든으로 바꿔주었다.

유럽의 고속도로를 달린 적 있다. 광활하게 펼쳐진 노란 해바라기의 군집을 보았다. 하늘을 향해 두 팔을 벌리며 뜨거운 햇살 아래 일광욕을 하는 자세다. 해바라기를 자세히 들여다보면 자연과 인생의 신비를 느낀다.

해바라기의 떡잎이 씨의 껍질을 벗고 땅 위로 솟는다. 곱게 뻗은 줄기와 봄의 햇살 속으로 떡잎을 떠받치면 합쳐져 있던 떡잎이 둘로 나누어진다. 햇살을 받은 작은 떡잎은 자신만의 색깔을 도드라지게 강조하며 아이들처럼 쑥쑥 자란다.

해바라기 꽃은 통 모양의 작은 꽃들의 모임이다. 빽빽이 늘어선 봉오리 하나하나가 작은 꽃을 피운다. 그들은 하나로 뭉쳐 거대한 꽃 무더기를 형성한다. 그리곤 사람이라는 동물에게 양질의 먹을거리도 제공한다.

가을의 해바라기는 넘칠 듯한 많은 씨를 지닌 채 잎과 줄기가 시들어간다. 바스라바스라 소리를 내며 시드는 해바라기를 커다란 뿌리가 받치고 있다. 커다란 해바라기 속에는 약 1,500알이나 되는 씨가 생긴다. 그들은 단 한 알의 여름 햇살을 받고 키운 아름다운 자손이다. 그 씨가 아름답게 영글 때, 거대한 해바라기는 고개를 떨어뜨린다. 땅속으로 스민다.

60년대 팔뚝 하나 믿고 왔던 사람들이 있다. 그들은 무수한 해바라기 열매들을 만들었다. 그것은 사람일 수도, 경제일 수도, 그리고 그 너머에 정신까지. 그들의 잎과 줄기는 이제 시들어가고 낙엽처럼 초라하다. 무더운 여름날, 지치도록 하늘을 쳐다보며 살아왔던 시절조차 빛바랜 기억이 되었다. 꼿꼿한 몸놀림은 이내 석양의 그늘 사이로 사라져갔다.

그 시절 소망을 품고 내렸던 공항에는 다른 이들의 발자국이 묻어 있다. 공항은 매번 똑같은 사람의 모양을 본 것 같을 게다. 하지만, 각각 다른 영혼을 가진 사람들을 본 것이다. 시간은 흐르고, 사람들도 시간의 흐름 속으로 사라지고 있다.

그들이 비행기에서 내린 지 반세기가 되어간다. 해바라기가 된, 그들이 만들어낸 씨들이 영웅처럼 그들을 받들고 있다. 과거를 헤집어 공감의 창으로 들어갔다. 그럴수록 내 경험의 연륜이 짧다는 걸 느낀다. 그래서 난 수를 썼다. 현재의 나에게서 출발, 과거와 미래를 파고들어 비스듬히 보이는 창문으로 그들의 삶을 들여다보았다. 그랬더니 해바라기 씨처럼 우수수 사람들의 이야기가 쏟아져나왔다. 자칫 잃어버릴 뻔한, 아기자기한 이야기들이 세월 속에 묻혀가고 있다. 그 이야기들을 한 권의 책으로 보듬었다.

가을이다. 독일 철학자들이 사색하기 좋은 계절이다.

철학자의 시선으로 살기엔 우리 삶이 너무 리얼하고 치열하다. 하지만, 사색이 궁색해진 현대인들에게 이 책이 달콤한 사색거리로 다가왔으면 좋겠다. 나 또한 사람들에게 달달했으면 좋겠다. 깨물면 즐거워지는 해바라기 씨처럼…….

나는 독일맥주보다 한국사람이 좋다

펴 낸 날 2012년 10월 23일

지 은 이 박경란
펴 낸 이 최지숙
편집주간 이기성
기획편집 이하늬, 김은경, 윤정현
표지디자인 신성일
펴 낸 곳 도서출판 생각나눔
출판등록 제 2008-000008호
주   소 경기도 고양시 화정동 903-1번지, 한마음프라자 402호
전   화 031-964-2700
팩   스 031-964-2774
홈페이지 www.생각나눔.kr
이 메 일 webmaster@think-book.com

• 책값은 표지 뒷면에 표기되어 있습니다.

 ISBN 978-89-6489-158-2 03040

• 이 도서의 국립중앙도서관 출판시도서목록(CIP)은 e-CIP홈페이지(http://www.nl.go.kr/ecip)와

 국가자료공동목록시스템(http://www.nl.go.kr/kolisnet)에서 이용하실 수 있습니다.

 (CIP제어번호: CIP2012004649)